Gombos/Gruber/Teuschler (Hg.)

# " ... und da sind sie auf einmal dagewesen."

## Zur Situation von Flüchtlingen in Österreich. Beispiel Rechnitz



Die Erkenntnis der historisch gewachsenen Vielfalt als Herausforderung und Chance für die Gegenwart.
Zur Situation von Flüchtlingen in Österreich.
Beispiel Rechnitz

hinschauen
statt
wegschauen

edition lex liszt 12

Das Projekt "Vielfältiges Rechnitz" und die Herausgabe dieser Publikation wurden vom Bundesministerium für Unterricht und Kunst im Rahmen der Aktion "Voneinander lernen - miteinander leben. Multikulturelles Zusammenleben" gefördert.

BMUK

Eine Publikation der Burgenländischen Volkshochschulen

Impressum:


Verlag und Vertrieb: edition lex liszt 12,
A-7400 Oberwart, Lisztgasse 12, Postfach 36
Umschlagentwurf: Ch. Gruber/W. Horvath/Ch. Teuschler
Druck: Signale, Pinkafeld
Umschlag: Wolfgang Horvath
ISBN: 3-9500-1851-4

Teil I

# GESCHICHTE

Teil II

# GESPRÆCHE

Teil III

# CHANCEN

# INHALTSVERZEICHNIS

CHANCEN
HISTORISCH GEWACHSENE VIELFALT
ALS HERAUSFORDERUNG UND CHANCE
FÜR DIE GEGENWART

# VONEINANDER LERNEN - MITEINANDER LEBEN. MULTIKULTURELLES ZUSAMMENLEBEN

Unter diesem Motto wurden 1991/92 Projekte, Veranstaltungen und Aktivitäten im Bereich der Erwachsenenbildung gefördert, die sich mit Problemen multikulturellen Zusammenlebens aktiv auseinandersetzen.

Die Begegnung mit dem Fremden wirft auch Fragen der eigenen Identität auf. Die Auseinandersetzung mit der eigenen Geschichte macht es erst möglich, auf das Fremde mit Neugier statt mit Vorurteilen beladen zugehen zu können. Durch die Vermittlung von Wissen über Herkunft, Religion, Literatur, Musik, Alltagskultur und Lebensverhältnisse von österreichischen Minderheiten, Arbeitsmigranten und Flüchtlingen und durch die Möglichkeit der direkten Begegnung können Vorurteile und Ängste gegenüber dem "Fremden" abgebaut und Wege der Integration gefunden werden. Gemeinsame Feste, Sprachkurse für Ausländer, Lesungen, Gespräche mit Flüchtlingen und Einheimischen und auch die Aufarbeitung der eigenen Geschichte - das alles wurde in Rechnitz initiiert und wird durch diese Publikation auch für andere nachvollziehbar.

Ein Modell, das Mut macht, indem es die Chancen des Lernens voneinander und des Lebens miteinander, aber auch die Probleme, die sich dadurch ergeben können, aufzeigt.

*Bundesministerium für*
*Unterricht und Kunst*
*Abteilung Erwachsenenbildung*

# VORWORT DER HERAUSGEBER/INNEN

In vielen Gemeinden Österreichs wurden Asylwerber untergebracht, in allen diesen Gemeinden war die Unterbringung Gesprächsstoff, in allen Medien sind die neuen Wanderungsbewegungen Gegenstand von Betrachtungen, Diskussionen und Polemiken.

Auch in Rechnitz im Südburgenland sind Flüchtlinge untergebracht. Wir waren in Rechnitz und haben mit Rechnitzern über die Situation in ihrem Dorf gesprochen, wir haben Flüchtlinge nach ihrer Situation befragt. Was uns die Rechnitzer erzählt haben, geht aber weit über Rechnitz hinaus. Wir halten es für unwahrscheinlich, daß in der derzeitigen Diskusssion, bei der derzeitigen Asylpolitik und Medienpolitik die Meinungen der Menschen in anderen Gemeinden mit Flüchtlingen wesentlich anders sind.

Die Meinungsbildung in Rechnitz wird wohl nicht wesentlich anders verlaufen als in vergleichbaren Gemeinden. "Vergleichbar" meint hier Gemeinden, in denen eine ähnlich große Anzahl von Gastwirten ihre Zimmer dem Staat zur Unterbringung von Asylwerbern* vermieten, in denen ähnlich viel (oder wenig) informiert wird, in denen Asylwerber und Einheimische einander mehr oder weniger verständnisvoll gegenüberstehen und versuchen, ihre Welt im Spannungsfeld von Politik, Wirtschaft und Medien zu verstehen.

Die Rechnitzer bedienen sich, wie die Menschen überall sonst auch, des allgemein derzeit vorherrschenden Sprachfundus zur Verarbeitung ihrer Wirklichkeit. Politik und Medien sind damit beschäftigt, den in der Bevölkerung vorzufindenden "Formelvorrat" an Sprache immer wieder in einem wechselseitigen Prozeß neu zu organisieren, ihn mit neuen, griffigen Formulierungen wie etwa der Metapher "das Boot ist voll" anzureichern. Vieles von dem, was in den Medien formuliert wird, findet sich in den Äußerungen der Menschen.

Unsere Arbeit versucht eine Momentaufnahme: Wir geben Äußerungen von Rechnitzerinnnen und Rechnitzern wieder, die sie im Laufe des Jahres 1992 gemacht haben. Wir interpretieren diese Äußerungen, setzen sie in den Kontext des gesellschaftlichen Veränderungsprozesses. Das Bild der Wirklichkeit, das wir mit der (vielbeschworenen) "Sprache des Volkes", die wir unter der Oberfläche der Äußerungen entdecken, nachzeichnen, ist nicht vollständig, ist erweiterbar.

Das Bild von Rechnitz ist nicht fertig, hat keinen alles abschließenden Rahmen - es soll eher zum Hinsehen und Wahrnehmen einladen, zum Mitmachen und Mitdiskutieren, zum gemeinsamen Gestalten. Denn, nach wie vor wird zu wenig getan, besser gesagt, tun wir zu wenig, um der vorherrschenden Meinung von einer beängstigenden Zukunft die Vision einer konfliktbereiten, konstruktiven, humaneren Zukunft in einem friedlichen Europa entgegenzuhalten und dieser zum Durchbruch zu verhelfen.

Dabei spielt die Arbeit an der Sprache, an den sprachlichen Deutungsmustern der Wirklichkeit eine ganz entscheidende Rolle. Unser Beitrag kann eine erste Bestandsaufnahme dessen sein, wie sich Rechnitzerinnen und Rechnitzer im Jahr1992 ihre sich ändernde Welt erklären. Wir hoffen, daß die Ergebnisse dieses Buches zu einer konstruktiven Auseinandersetzung herausfordern.

Rechnitz läßt sich also in vielerlei Hinsicht mit anderen Orten in Österreich vergleichen. Es sollen aber auch einige Spezifika von Rechnitz in dieser Publikation herausgearbeitet und die heutige Situation in einen größeren, historischen Kontext gestellt werden:

- Wir wollen zeigen, daß Rechnitz mit seiner ehemals auch jüdischen Bevölkerung, seinen kroatischen, ungarischen und deutschen bzw. österreichischen Wurzeln schon seit Jahrhunderten multikulturell war und ist. Wir bemühen uns, die Geschichte derJuden in Rechnitz nachzuzeichnen und dabei Zeitzeugen zu Wort kommen zu lassen.
- Wir wollen zeigen, daß die Probleme von Rechnitz auch die Probleme von anderen Gemeinden sein könnten, daß die Auseinandersetzung mit der eigenen Geschichte und den gegenwärtigen Herausforderungen notwendig und möglich ist.

Rechnitz im November 1992

* "Mit dem Begriff 'Asylwerber' wird jede Person bezeichnet, die um Asyl ansucht. Der Begriff ist wertneutral und sagt nichts über die Frage aus, ob die Person die Voraussetzungen für die Gewährung von Asyl erfüllt. Allerdings wird ein Teil der Asylwerber nach Abschluß des Asylverfahrens jedenfalls als Flüchtling anerkannt. Daher ist jeder Asylwerber als potentieller Flüchtling zu betrachten und im Hinblick darauf zu behandeln." Asylland Österreich: Zutritt verboten?: Österreichisches Helsinki Komitee (Hg.), Wien 1990, S 1

# AUSGANGSSITUATION

Die Brisanz des Themas ist offensichtlich:

Einerseits sind europaweit Bemühungen im Gange, die Grenzen abzubauen und miteinander ein gemeinsames Europa aufzubauen, andererseits werden in diesem vielzitierten "Haus Europa" immer mehr die Riegel vorgeschoben - nur der gebetene Gast ist erwünscht.

Durch die veränderte geopolitische Lage, das "Zusammenrücken" von Menschen, die verstärkten Migrations- und Fluchtbewegungen (Krieg, Hunger, Not und Verfolgung) entstehen bei den Menschen allgemeine Verunsicherungen.

Die zunehmende Umweltproblematik, die Veränderung der sozialen Beziehungen und Bindungen, ein allgemeiner Strukturwandel, die Rasanz der technischen Entwicklung und deren Möglichkeiten, erzeugen Existenz- und Zukunftsängste. Angesichts dieser Fülle von Problemen reagieren Menschen einerseits mit Resignation und politischer Apathie, andererseits versuchen sie, Verantwortliche und Schuldige zu finden - Feindbilder werden aufgebaut. Gerade die Schwächsten der Gesellschaft, soziale und ethnische Randgruppen sind davon betroffen.

In diesem Spannungsfeld von nationalistischen Tendenzen, dem Trend der Abgrenzung, des sich Zurückziehens auf die scheinbar apolitische, private Ebene (ein "neues Biedermeier"?) und dem gleichzeitigen Wunsch nach einem Abbau der Grenzen und gemeinsamem Handeln, entsteht beim einzelnen sehr oft das Bedürfnis nach einfachen, schnellen und bereits vorgegebenen Lösungen. Dabei wird das Instrument von demokratischen Entscheidungsfindungsprozessen oft als hinderlich und nicht zielführend empfunden - man möchte Entscheidungen an Autoritäten abgeben.

Der politische Bildungsauftrag der Erwachsenenbildung ist aber gerade, die Kausalzusammenhänge von Entscheidungsfindungen, gesellschaftlichen Prozessen und vorgegebenen Strukturen aufzuzeigen, zu hinterfragen und gemeinsame Lösungsansätze zu suchen.

Bei der Auseinandersetzung der Erwachsenenbildung mit dem multikulturellen Bereich ist dabei noch stärker dessen historische Dimension zu berücksichtigen und in einen gegenwärtigen Konnex zu setzen: die Tradition des Zusammenlebens von verschiedenen Volksgruppen und Konfessionen, die Tradition des Nebeneinander von verschiedenen Sprachen und Kulturen, und die Entwicklung hin zu einer "neuen", multikulturellen Gesellschaft. Dabei wird Multikulturalität im weiteren Sinn nicht nur im Zusammentreffen mit einer völlig neuen Kultur, Ethnie, Sprache, Lebensweise erlebt, sondern auch im Zusammentref-fen der verschiedenen Milieus, im alltäglichen Leben.

Der vielzitierte Begriff "Multikulturalität" greift damit eine Form des Zusammenlebens auf, die eine Auseinandersetzung mit verschiedenen Traditionen und Lebensweisen beinhaltet, in der das "Andere" akzeptiert und damit auch das "Voneinanderlernen" ermöglicht wird - Grundsatz einer pluralistisch verstandenen Demokratie.

## Das Burgenland

In einer Zeit der allgemeinen Identitätssuche stellt sich auch für das Burgenland mit seiner jungen österreichischen Vergangenheit verstärkt die Frage nach seinen historischen und kulturellen Wurzeln und seinen Perspektiven.

Das Burgenland ist mit seiner vielfältig strukturierten Gesellschaft, in der sich ethnische, kulturelle und religiöse Vielfalt durch Jahrhunderte hindurch erhalten hat, vor allem durch seine geographische Grenzlage von den gegenwärtigen Veränderungen in Europa besonders betroffen.

Multikulturalität ist hier kein Schlagwort der Gegenwart, das Zusammentreffen von verschiedenen Kulturen und Ethnien hat hier Tradition.

Und vielleicht war es "nur" der indoktrinäre Einfluß des nationalsozialistischen Regimes, der das Wissen um dieses Zusammenleben, um dieses historische Gewachsensein des heutigen Burgenlandes, das aus einem Teil Westungarns entstand, verschüttet hat.

Im Burgenland leben noch heute Angehörige der ungarischen und der kroatischen Volksgruppe; die Roma (Zigeuner) stehen kurz vor ihrer Anerkennung als Volksgruppe.

Neben diesen ethnischen Minoritäten haben sich - ein Zeichen früherer Toleranz - auch verschiedene Konfessionen erhalten.

Dagegen sind die ehemals bedeutenden jüdischen

Gemeinden heute nicht mehr existent. Kehrten von den während der Zeit des Nationalsozialismus verfolgten und ermordeten Roma einige Überlebende in das Burgenland zurück, so setzte dieser dem jüdischen Leben im Burgenland überhaupt ein Ende.

Gemeinden, in denen die historisch bedingte konfessionelle und ethnische Vielfalt noch zu finden ist, gibt es im Burgenland viele, Rechnitz kann als ein Beispiel dafür gesehen werden.

## Projektort Rechnitz

Die heute fast ausschließlich deutschsprachige Marktgemeinde Rechnitz liegt am Fuße des Geschriebensteins, der höchsten Erhebung des Burgenlandes (883 m) und an der Grenze zu Ungarn. Waren die Kontaktmöglichkeiten zu den ungarischen Nachbarn durch den "Eisernen Vorhang" jahrzehntelang unterbunden, so gibt es seit 1991 wieder einen nationalen Grenzübergang (Rechnitz - Bozsok).

Während in Rechnitz mit seinem traditionell relativ hohen Anteil an Evangelischen (ca. 20 Prozent) heute nur vereinzelt ungarisch- und kroatischsprachige Mitbewohner leben, gibt es in der näheren und weiteren Umgebung Ortschaften mit größeren kroatisch-, ungarisch- und romanessprechenden Bevölkerungsanteilen.

Der südburgenländische Grenzort wurde im Rahmen der Aktion des Bundesministeriums für Unterricht und Kunst ("Voneinander lernen - miteinander leben. Multikulturelles Zusammenleben") vom Landesverband der Burgenländischen Volkshochschulen deshalb als Projektort ausgewählt, weil hier die Offenheit gegenüber ethnischer und konfessioneller Vielfalt in der Vergangenheit durch die Beherbergung von Asylwerbern eine mögliche Fortsetzung in der Gegenwart finden könnte. (In dem 3400 Einwohner zählenden Ort leben derzeit ca. 150 Asylwerber.)

Allerdings erlitt diese historisch bedingte Vielfalt des Ortes eine besonders einschneidende Zäsur durch den Nationalsozialismus.

War Rechnitz einst ein geistiges und kulturelles Zentrum jüdischer Kultur, wurde dieses - wie alle anderen jüdischen Gemeinden des Burgenlandes auch - auf Grund der Restriktionen und Greueltaten des nationalsozialistischen

Regimes vollständig ausgelöscht.

Die hier lebenden Juden wurden in der ersten Hälfte des Jahres 1938 vertrieben, abgeschoben und "ausgesetzt" (Ende Dezember 1938 berichtete die "Grenzland-Zeitung", daß die Juden aus dem Burgenland "abgewandert" seien) und noch kurz vor Kriegsende kam es im März 1945 beim sogenannten "Kreuzstadl" in Rechnitz zur Erschießung von 200 ungarisch-jüdischen Zwangsarbeitern. Diese waren hier zum Bau des "Ostwalls", der zu Kriegsende als "letzte Bastion" gegen die vorrückenden alliierten Verbände errichtet wurde, eingesetzt worden.

Eng mit der nationalsozialistischen Vergangenheit verknüpft ist auch der Name des heute in Rechnitz lebenden ehemaligen "stellvertretenden Gauleiters des Gaues Steiermark" (1938 wurde das Südburgenland dem "Reichsgau Steiermark" zugeteilt), Tobias Portschy. Portschy ist auch der Verfasser der sogenannten "Denkschrift zur Zigeunerfrage" (August 1938).

Bereits im März 1938 hatte Portschy in seiner Antrittsrede als nationalsozialistischer Landeshauptmann des damals noch bestehenden Burgenlandes von der "Untragbarkeit der Zigeuner und Juden im Dritten Reich gesprochen"; er sah es als seine vordringlichste Aufgabe, die "Zigeunerfrage" im Burgenland zu "lösen".

Gerade dieser Gegensatz des Zusammenlebens von verschiedenen Kulturen, Konfessionen und Ethnien mit all seinen Problemen und Spannungen in der Vergangenheit, die Zäsur durch den Nationalsozialismus, dessen schreckliche Folgewirkungen teilweise noch immer nicht aufgearbeitet sind, und die heutige Konfrontation mit Menschen anderer Herkunft und anderer Kultur, war für die Burgenländischen Volkshochschulen Anlaß, dem "multikulturellen" Element in seiner historischen Verknüpfung mit der gegenwärtigen Aktualität am Beispiel Rechnitz nachzugehen.

Rechnitz wurde aber auch deshalb ausgewählt, weil es hier bereits vor Projektbeginn Ansätze dafür gab, diesen Bezug zwischen vielfältiger Vergangenheit und vielfältiger Gegenwart herzustellen.

So schloß sich im Februar 1991 auf Anregung des Pianisten Paul Gulda eine Gruppe von Burgenländerinnen und Burgenländern zu der Initiative RE.F.U.G.I.U.S (REchnitzer Flüchtlings- Und GedenkInitiative Und Stiftung) zusammen.

*"Ich habe einen Freund, der mir diese Geschichte von den 200 jüdischen Zwangsarbeitern, die 1945 von den Nazis in Rechnitz ermordet wurden, erzählt hat ...*
*Wir haben in letzter Zeit viel über Vergangenheitsbewältigung und Trauerarbeit gehört. Hier in Rechnitz hat sich durch die Grenzlage, dadurch, daß hier wieder Menschen leben, die ihre Heimat verlassen mußten und unsere Hilfe brauchen, die Idee materialisiert: Man tut etwas, das die Greuel der Vergangenheit in der Jetztzeit bekämpft - rückwirkend - wirklich greifbar - man tut etwas, das dazu beiträgt, daß sich das Grauen nicht wiederholen kann." (Paul Gulda)*

Mit kontinuierlichen RE.F.U.G.I.U.S - Benefizveranstaltungen, die im historischen und aktuellen Bezug zu Rechnitz und seiner kulturellen Vielfalt stehen, soll der Zusammenhang von Vergangenheit und Gegenwart bewußt gemacht werden.
Der Reinerlös dieser Veranstaltungen, von denen bereits einige stattfanden, soll für ein "Haus der Flüchtlinge" verwendet werden. Geplant sind eine Beratungsstelle und ein Treffpunkt für Flüchtlinge und Rechnitzer.

*"Gerade den damals verfolgten Mitbürgern könnte mit einem solchen 'Haus der Flüchtlinge' in der schönsten und würdigsten Form symbolisch gedacht werden, indem man einigen Menschen, die heute wieder aus den verschiedensten Gründen flüchten müssen, real hilft und ein 'Refugium' bietet." (Auszug aus einer RE.F.U.G.I.U.S - Aussendung)*

## " ... und da sind sie auf einmal dagewesen."

Wie viele andere österreichische Gemeinden ist auch Rechnitz in den letzten Jahren ein Zufluchtsort für Asylwerber und Flüchtlinge geworden. Wie für viele andere österreichische Gemeinden bedeutet das auch für Rechnitz mögliche Konfliktstoffe.
Über die Aufnahme von Flüchtlingen/Asylwerbern wird zwar viel gesprochen, Informationen und konkretes Wissen über die "anderen" gibt es jedoch wenig. Tatsächlich genügt es aber nicht, "nur" dieses Informationsmanko zu beseitigen. Vielmehr muß die Betroffenheit beider Seiten, deren Ängste und

Probleme, aufgezeigt und ernstgenommen werden. Voraussetzungen für ein gegenseitiges Verständnis müssen geschaffen werden. Das Finden einer gemeinsamen Sprache und die Kenntnis der jeweiligen kulturellen und historischen Hintergründe sind wesentliche Grundlagen dafür.

Da auch in Rechnitz die Aufarbeitung der NS-Vergangenheit bis heute eine heikle Angelegenheit ist und andererseits die Frage des Zusammenlebens (oder Nichtzusammenlebens) zwischen Ortsbevölkerung und Asylwerbern neue Konfliktstoffe beinhaltet, schien es zielführend, das Projekt "Vielfältiges Rechnitz" auf drei Ebenen ("Geschichtsebene", "Interviewebene", "Sprachebene") anzulegen, um damit sowohl der historischen als auch der gegenwärtigen Dimension gerecht zu werden.

Im Verlauf eines Jahres beschäftigten sich elf Mitarbeiterinnen und Mitarbeiter des Projektes mit der Geschichte von Rechnitz. Sie führten Interviews mit Rechnitzerinnen und Rechnitzern und hier lebenden Flüchtlingen und Asylwerbern. Um diesen die sprachliche Integration zu erleichtern, wurden Deutsch-Kurse abgehalten.

Der damit von uns beabsichtigte Prozeß einer bewußten Auseinandersetzung mit der eigenen ("multikulturellen") Geschichte und den Herausforderungen der Gegenwart kann und soll mit diesen einjährigen Aktivitäten keinesfalls als abgeschlossen betrachtet werden, vielmehr stellt sich für jede verantwortungsbewußte Gemeinde und unsere Gesellschaft generell die Aufgabe, sich mit der eigenen Geschichte und den neuen, gesellschaftspolitischen Fragestelllungen auseinanderzusetzen.

## Zu den Beiträgen

GESCHICHTE:

Mit der sozio-ökonomischen Entwicklung des Ortes von der Vergangenheit bis zur Gegenwart beschäftigt sich der Beitrag von Anton Fennes.

Denise Steiger und Johann Temmel setzen sich mit der ethnischen, konfessionellen und kulturellen Vielfalt von Rechnitz in ihrem historischen Wandel auseinander.

GESPRÄCHE:

Heike Bund, Werner Herics, Gertrude Milosits, Alexandra

Murg und Rotraud Schubert haben Interviews mit Menschen, die in Rechnitz daheim sind und mit Menschen, die ihre Heimat verlassen mußten, gemacht Wir wollten die Menschen selbst zu Wort kommen lassen. Wie denken sie, wie leben sie, was bewegt sie, was wissen sie voneinander?

Ausschnitte aus diesen Interviews wurden von Christiane Gruber und Christine Teuschler zu einem Lesungstext zusammengefaßt und bereits bei einer Lesung der Rechnitzer Bevölkerung vorgestellt.

Georg Gombos analysiert und interpretiert Auszüge aus diesen Gesprächen.

SPRACHE:

Da eine gemeinsame Sprache die Voraussetzung für soziale und berufliche Eingliederung ist, wurde Flüchtlingen und Asylwerbern in mehreren Deutsch-Kursen die Möglichkeit geboten, die deutsche Sprache zu erlernen.

Friedrich Schoditsch hat diese Kurse betreut und geleitet.

Teil I

GESCHICHTE

# VIELFALT IN DER VERGANGENHEIT

Geschichtslosigkeit bedeutet Gesichtslosigkeit.

Wer über die eigene Geschichte, die Entwicklung und Kultur seiner Vorfahren nicht Bescheid weiß, dem fällt es auch schwer, sich mit einer anderen Kultur und Sprache, mit anderen Gewohnheiten und Gegebenheiten auseinanderzusetzen.

Wie jede größere Gemeinschaft, jedes Dorf, jede Stadt und jedes Staatsgebilde, hat Rechnitz eine - langzurückreichende - Geschichte.

Politische Geschehnisse, Kriege, Herrschende, Religion, Kultur und Sprache beeinflussen auch die Geschichte von Rechnitz, m a c h e n erst d i e Geschichte von Rechnitz.

Wirtschaftliche Faktoren spielten und spielen dabei eine ebenso große Rolle wie die allgemeinen politischen Entwicklungen, das soziale und staatspolitische Umfeld.

Vor allem für die Rechnitzerinnen und Rechnitzer ist dieser Teilaspekt i h r e r Geschichte gedacht. Andere können vielleicht in diesen Strukturen die Strukturen ihrer eigenen Gemeinde, ihres eigenen Umfeldes wiederfinden.

Anton Fennes

# ABRISS DER POLITISCHEN UND WIRTSCHAFTLICHEN GESCHICHTE DER GEMEINDE RECHNITZ





## POLITISCHE ENTWICKLUNG

### Von Ungarn zu Österreich

Den Beginn der Siedlungsgeschichte von Rechnitz kann man in das vierte nachchristliche Jahrhundert datieren. Zwei Körpergräber, die bei den Planierungsarbeiten für die Neutrassierung der Landstraße von Rechnitz nach Markt Neuhodis im Jahre 1974 entdeckt wurden, bestätigen diese Ansicht. Bei den Bestatteten handelt es sich um Männer, die im öffentlichen Leben eine höherrangige Stellung eingenommen und sich noch nicht zu dem damals bereits in Pannonien verbreiteten Christentum bekannt haben dürften. (Hicke 1985: 163)

Das Gebiet von Rechnitz gehörte in der Römerzeit zum Territorium von Savaria (Szombathely/Steinamanger), einem Verwaltungszentrum der Provinz Pannonien.

Zu ihrem Namen kam die Gemeinde Rechnitz durch die Awaren. Dieser slawische Stamm dürfte bei Rechnitz die Siedlung "Orechov(c)a" (bedeutet wahrscheinlich Nußwald oder Nußhain) gegründet haben. Als später Deutsche dieses Gebiet besiedelten, machten sie aus Orechovc Rechowz, Rechentz und Rechnitz und die Ungarn Rohoncz.. (Loibersbeck 1955/12: 5)

Der eigentliche Beginn der Lokalgeschichte von Rechnitz steht in engem Zusammenhang mit den Grafengeschlechtern der Güssinger und der Jáker. Beide Geschlechter erhielten im 12. Jahrhundert von den ungarischen Königen die meisten Schenkungen in diesem Gebiet. Bauern wurden angesiedelt, die diese Grundbesitzungen rodeten und bearbeiteten. Rechnitz entwickelte sich zu dieser Zeit in zwei voneinander getrennten Gebieten: So besaß die Güssinger Linie den "Deutschmarkt" mit der Bergburg, während der Jáker-Linie der "Ungermarkt" und eine Befestigungsanlage gehörten. (Loibersbeck 1955/12: 5) (1)

Das Jahr 1289 brachte eine wesentliche Veränderung im Herrschaftsgefüge. Mehrere Übergriffe der Güssinger auf steirisches Gebiet veranlaßten den österreichischen Herzog

Albrecht I. zu einer Strafexpedition gegen die Güssinger Grafen. Bei diesem Heerzug (Güssinger Fehde) eroberte Albrecht ganz Westungarn, also auch Rechnitz. Im Jahre 1329 kam es zwischen den Güssingern und den Jákern zu einem wichtigen Tausch. Die Jáker erhielten zwei Dörfer, die Güssinger als Gegenleistung den Ungermarkt und die Stadtburg. Seit diesem Zeitpunkt besaß die Rechnitzer Linie der Güssinger Grafen die ganze Herrschaft Rechnitz.

Am 31. Dezember 1374 teilten sich zwei Nachfahren der Güssinger vor dem Kapitel von Vasvár (Eisenburg) die Burgbefestigungen Rohonch mit den Dörfern Cacha (Schachendorf), Inceed (Dürnbach), Hodaz (Hodis), Bozsok (Poschendorf), Welyen-Velem (St. Veit), Chaak (Czak) und Perenye (Prössing), alle in Ungarn, und Kemend (Körmend) mit den dazugehörigen Dörfern. (Jandrisevits 1932/1: 334)

Dieser Urkunde zufolge hatte die Bergburg zwei Türme. Der Ort bestand aus dem Deutschmarkt (civitas Rohonch teutonicalis) und dem Ungermarkt, der ungeteilt blieb. Die Straßen des Deutschmarktes (Hodaz utca = Hodisser Straße, Vasaros utca = Marktstraße) hingegen wurden durch Marksteine in der Mitte geteilt. Die Einkünfte aus Liegenschaften wie Felder, Wiesen, Hutweiden, das Bergrecht, die Einkünfte von Mühlen, Maut und Märkten sowie von Bergwerken (unbekannter Standort) und die kirchlichen Patronatsrechte wurden gemeinsam verwaltet. (Loibersbeck 1955: 5)

Der Rechnitzer Zweig der Güssinger hielt sich bis zum Jahre 1403 an der Macht. Als sich die Rechnitzer gegen den ungarischen König Sigismund (1387-1437) auflehnten, wurden sie vom Palatin (Stellvertreter des Königs) Nikolaus Garai besiegt. Ihr Kampf um die Unabhängigkeit scheiterte endgültig an der stärkeren ungarischen Königsgewalt.

Unter der Herrschaft der Garais dürfte sich die Position von Rechnitz gefestigt haben. Die Folge war, daß Rechnitz in eine Art Städtebund aufgenommen wurde, wie ein amtliches Schreiben der Stadt Csepreg (Schapring) von 1451 bestätigt:

> *"... in den sechs steden zu Ödenburgk, Gunss, Schepreg, Rechnicz, Steinam(a)nger und Ziget, die dyselben vorgenant stett ain der ander mit gerechter horsamchayt und mit nachtpawrerleicher trew peysteen scholt ..." (Burgenland Kurier 1946/2: 1f, Jandrisevits 1933/2: 152)*

Dieser Städtebund hatte also unter anderem die Aufgabe,

daß sich die genannten Städte bei Schwierigkeiten sofort unterstützten. Diese dominierende Rolle erlaubte Rechnitz ein eigenständiges Stadtrecht und eine autonome Gerichtsbarkeit.

Zu einer bedeutenden herrschaftlichen Veränderung kam es in Rechnitz Mitte des 15. Jahrhunderts. Zahlreiche Fehden an der Grenze zur Steiermark sorgten für Unruhe. Der habsburgische Kaiser Friedrich III. beendete diese Grenzfehden, indem er Rechnitz, Köszeg (Güns), Schlaining, Bernstein und andere Herrschaften besetzte und nicht mehr herausgab. Er setzte in den eroberten Burgschaften Verwalter ein, die er aus seinen Erblanden holte. Rechnitz verpachtete Friedrich III. um 400 Pfund jährlich an einen gewissen Friedrich Zengger. (Jandrisevits 1933/2: 197, Loibersbeck 1955/15: 5)

Mit dem ungarischen König Matthias Hunyady (Corvinus) erwuchs dem Kaiser Friedrich III. ein ebenbürtiger Gegner. Im Jahre 1478 war Matthias Corvinus bereits so stark, daß er Güns und die Rechnitzer Bergburg eroberte und sogar bis nach Wien vorstieß. Er übergab sowohl die Bergburg als auch die Stadtburg und den Markt Rechnitz seinem Geschützführer Jakob Magenwerder. Als im Jahre 1490 der ungarische König starb, verkaufte Magenwerder Rechnitz mit der dazugehörigen Herrschaft um 4000 Gulden an die Schlaininger Ritter Wilhelm und Georg Baumkircher (Söhne des Andreas Baumkircher). Da in diesem Übergabevertrag die Bergburg nicht erwähnt wird, könnte man darauf schließen, daß die Höhenburg von Matthias zerstört und von Jakob Magenwerder nicht wieder aufgebaut worden ist. (Loibersbeck 1955/16: 2)

Im Frieden von Preßburg (1491) wurde festgelegt, daß Rechnitz und die anderen westungarischen Herrschaften wieder an Österreich unter Friedrichs Sohn Maximilian I. zurückgegeben werden sollten.

Als im Jahre 1502 die männliche Linie der Baumkircher ausstarb, forderte Ungarn Rechnitz wieder zurück. Nach ungarischem Recht wäre in diesem Fall die Herrschaft frei geworden. (Prickler, Interview)

Die Erbin des Baumkircherbesitzes, Barbara Baumkircher, ließ sich aber nicht vertreiben. Sie wurde in ihrer starren Haltung durch die Rechnitzer Bürger bestärkt, die ihre Steuern nicht dem ungarischen König, sondern nur Barbara Baumkircher ablieferten. Nachdem die Ungarn in der Schlacht bei Mohacs (1527) den Türken unterlagen, suchten die westungarischen Magnaten bei den Habsburgern Schutz. Zum König wählten sie Ferdinand I.. Von früheren Differenzen mit Ungarn gewarnt, suchte Ferdinand Magnaten, auf die er sich verlassen konnte. Franz Batthyány (1525-1566), Ban von Kroatien und Held gegen die Türken, entsprach den Vorstellungen des Kaisers. Im Jahre 1527 erhielt er die Herrschaften Rechnitz und Schlaining, nachdem er bereits 1524 Güssing zugesprochen bekommen hatte. Da aber die Baumkircher Rechnitz nicht verließen, mußte sich Franz Batthyány vorerst mit der halben Herrschaft begnügen.

1610 übernahm Adam Batthyány (1610-1659) die Führung der Herrschaft. Er zählte zu den stärksten Persönlichkeiten des Hauses Batthyány. Er war königlicher Obertruchsess und kommandierender General von Transdanubien. Zu den militärischen Verdiensten Adams I., die er sich im undankbaren Kleinkrieg und in verlustreichen Scharmützeln gegen die Türken erwarb, kam sein Organisationstalent.

Er kaufte im Jahre 1644 Burg und Herrschaft Bernstein, baute 1658 das Schloß Pinkafeld und besaß noch die weitläufige Burg Güssing. Auf die Frage, warum Adam Batthyány trotz seines umfassenden Besitzes das gewaltige Schloß Rechnitz mit mehr als 200 Zimmern baute, gibt es nur Vermutungen. Es könnte sein, daß er sich lieber in Rechnitz aufhielt, weil die Güssinger Burg nur schwer zugänglich und somit nicht sehr bequem war.

*Schloß Rechnitz, Ansicht um 1660*

1662, drei Jahre nach Adams Tod, spaltete sich die Familie Batthyány in zwei Linien. Christoph II. (er starb 1685) begründete die ältere (fürstliche) Linie mit Sitz in Körmend und Rechnitz, Paul I. (er starb 1674) die jüngere (gräfliche) Linie mit Sitz in Bernstein und Pinkafeld. Das war der Beginn einer Reihe von Teilungen, die an der Substanz des gesamten Batthyánybesitzes nagten, weil die kleineren Herrschaftsbezirke bei gleichbleibendem Aufwand nicht den erforderlichen Gewinn abwarfen. Immer höher wurden die Forderungen an die Bauern nach Abgaben und Leistungen. (Ernst 1987: 144)

Das Jahr 1848 war auch für Rechnitz das Jahr der großen Veränderungen. Die Rechnitzer wurden von ihrer Untertanenpflicht an die Herrschaft (Bauernbefreiung) befreit. (Gemeindechronik 1784: 12, Oberwarther Sonntags-Zeitung/Festbeilage 1929: 12)

Aus diesem Grund beschlossen sie, daß der Günser Steinmetz um 300 Gulden ein "ewiges Denkmal" errichten sollte. 1848 wollten sich die Ungarn unter der Führung des Advokaten Lajos Kossuth von der Habsburgermonarchie trennen.

Ein Rechnitzer hielt zu diesem Anlaß eine bemerkenswerte Rede:

*"Wie Frühlingserwachen brauste es durch halb Europa daher und auch in unserem theueren Vaterlande, welches Jahrhunderte hindurch von den oberen Zehntausend materiell und geistig geknechtet ward, erhob sich ein Sturm der Begeisterung ... wo bis dahin nur von den Komitaten exmittierte Edelleute Sitz und Stimme hatten ... edle Geister auftraten, welche für die ungarische Staatsidee, für die Entlastung des Volkes kämpften ..." (Wentzel 1899)*

Ein Beweis dafür, daß es auch in Rechnitz durchaus pro-ungarische Vertreter gab.

Kaiser-König Ferdinand (1830-1848) ernannte den Banus (obersten Verwalter) von Kroatien Josip Jellasic zum bevollmächtigten Kommissär in Ungarn sowie zum Oberbefehlshaber aller in Ungarn und seinen Nebenländern stationierten regulären und irregulären Truppen. Jellasic verpflichtete alle ungarischen, also auch die deutschsprachigen westungarischen Ortschaften, darunter Rechnitz, Soldaten für den Kampf gegen Österreich abzustellen. Da sich die Rechnitzer von den geschlagenen kroatischen Truppen, bei deren Rückzug in die Heimat, bedroht fühlten, ließen sie am 10. Oktober 1848 den "Aufstand zum Landsturm" ausrufen. (Gemeindechronik ab 1784: 14f)

Nach der Niederwerfung des Aufstandes wurde Ungarn als Kronland in das zentralisierte Reich unter militärische, dann zivile, jedoch immer absolut regierende Verwaltung gestellt. Nachdem die Ungarn im sogenannten "Ausgleich" von 1867 mehr Eigenständigkeit erreichten, stabilisierte sich die politische Situation. Als schließlich das Militär aus dem Schloß Rechnitz abzog, schwand auch die wirtschaftliche Bedeutung von Rechnitz. Die Familie Batthyány zog sich nach Körmend zurück, weil sie das Rechnitzer Schloß nicht mehr erhalten konnte. 1871 verkaufte dann Gustav Batthyány die Herrschaft an den Advokaten Julius Szabely, der sie 1906 an den deutschen Industriellen Baron Heinrich Thiessen-Bornemissza weiterverkaufte.





## Rechnitz kommt zu Österreich

Der erste Weltkrieg brachte für Rechnitz eine politische und wirtschaftliche Zäsur. Im Frühjahr 1917 kam es zu einer Getreide-, Mehl- und Kartoffelrequirierung. Außerdem lag die Arbeit ausschließlich in den Händen der Frauen. Die Männer dienten dem Kaiser. Von den 674 im Ersten Weltkrieg eingerückten Rechnitzern fielen 78.

Das Schloß wurde 1918 in ein Spital des Roten Kreuzes umfunktioniert. Im Verlauf der Nachkriegswirren wurde das Schloß regelrecht geplündert. Wertvolle Möbelstücke, Silberbesteck, Geschirr und Kleidungsstücke wurden einfach nach Szombathely transportiert. Als es durch die Rote Armee zu Übergriffen kam, stellten Landwirte aus dem Ungermarkt eine bewaffnete Bürgerwehr auf. Diesen Aufstand schlugen die kommunistischen Aggressoren nieder. Sie verhafteten, verschleppten, mißhandelten und bestraften viele Bauern. Am 31. Juli 1919 brach aber die kommunistische Räterepublik zusammen und die eingesperrten Bauern wurden freigelassen. Am 4. August 1919 übernahm dann wieder die alte Gemeindevorstehung die Amtsgeschäfte von Rechnitz. (Gemeindechronik ab 1784: 126 ff)

Die Bedingungen der sogenannten Friedensverträge von Paris nach dem Ersten Weltkrieg konnten nicht sofort realisiert werden. Besonders bei der Angliederung des Burgenlandes an Österreich gab es erhebliche Schwierigkeiten. So kam es in Rechnitz bei einer Volksversammlung vor fast 800 Zuhörern zu Zwischenfällen, als der Redner die volle Autonomie und einen eigenen Landtag für Deutschwestungarn forderte. (Weckruf 1919: 2)

Ein Artikel des Vertrages von St. Germain, der die Grenze Österreichs gegen Ungarn festlegte, bestimmte nämlich, daß ein breiter Grenzstreifen der westungarischen Komitate Moson/Wieselburg, Sopron/Ödenburg und Vas/Eisenburg mit zirka 250.000 deutschsprachigen Bewohnern an die junge Republik kommen sollte. Während man in Österreich die Angliederung des Burgenlandes mit größter Genugtuung begrüßte, war für Ungarn dieser Vertragspunkt niederschmetternd. Die Ungarn wollten diese Entscheidung nicht kampflos hinnehmen. Unter der Devise "Nem, nem, soha" (Nein, nein, niemals) besetzten ungarische Freischärler burgenländisches Gebiet. Unter der Führung der Freikorpsführer Paul von Prónay und Ivan Héjjas wollten die Freischärler das Burgenland unter allen Umständen für Ungarn zurückgewinnen.

Am 28. August 1921 besetzten 40 Freischärler aus Szombathely auch Rechnitz. Als einige Rechnitzer die Besatzer mit "Hoch Österreich"-Rufen begrüßten, wurden sie verhaftet und in das Gendarmeriequartier abgeführt. (Gemeindechronik ab 1784: 144, Loibersbeck 1931)

Es gab aber auch Rechnitzer, die gegen die Angliederung an Österreich waren. Der damalige Leiter des Grenzpolizeiamtes in Rechnitz berichtet, daß vor allem die sogenannte Intelligenz vehement für den Verbleib bei Ungarn eintrat:

> *"Das Volk war zweifellos überwiegend für ein Verbleiben bei Österreich. Wir fürchteten aber, die sogenannten Honoratioren, die Halbgebildeten mit mangelhafter ungarischer Mittelschulbildung und noch einige andere würden uns 'einen Hund hineinmachen'. Das war vor allem der Pfarrer ..., der fanatisch für die Rückgabe des Gebietes an Ungarn eintrat und dessen Antwort nicht zweifelhaft sein konnte; sicherlich hätte er die gewiß unwahre Behauptung aufgestellt, daß die Gläubigen im Wunsche nach der Rückkehr zum ungarischen Vaterland mit ihm eines Sinnes sei. Ähnlich stand es mit dem Altrichter, dem früheren Bürgermeister, dann mit dem Gemeindesekretär, dem früheren Notar". (Braitenberg 1938: 143)*

Eine weitere Klärung in der Burgenlandfrage erfolgte im "Venediger Protokoll", das die Übernahme des Burgenlandes durch Österreich regelte. Die Landnahme sollte als eine rein militärische Operation von österreichischen Kräften durchgeführt werden. (Schlag 1921: 26)

Im Landessüden trafen die österreichischen Soldaten in der letzten Novemberwoche des Jahres 1921 ein. Nach Rechnitz kam am frühen Nachmittag des 28. Novembers das Wiener Hausregiment, die Deutschmeister. An der Spitze Oberst Karpf mit 12 Offizieren und 438 Mann Gendarmerie, Staatspolizei und Finanzabteilung. Am 12. Dezember berief das Militärkommando eine letzte Repräsentationssitzung ein. In dieser Sitzung wurde dann ein neuer Vorstand mit dem Titel Wirtschaftskommission gewählt.

Die erste Wahl fand im Frühjahr 1923 statt. Die sozialdemokratische Partei erhielt 10 Mandate, die christlichsoziale und die bürgerlichen Parteien insgesamt 8 Mandate. Diese allgemeine freie Wahl, war der erste Schritt im neuen Bundesland Burgenland in Richtung demokratische Republik Österreich.

Zum Bürgermeister wurde der Landwirt Johann Rauherz gewählt. Er und seine Gemeinderatskollegen mußten sich in dieser Zeit mit einer Fülle von Problemen auseinandersetzen, die die Bevölkerung belasteten. Die wirtschaftliche Rückständigkeit, die fehlende Infrastruktur und die neue politische Lage machten der Bevölkerung in der nunmehrigen Grenzgemeinde sehr zu schaffen.





Der damalige Bundeskanzler, Ignaz Seipel, meinte über das Verhalten der Bevölkerung in dieser schwierigen Zeit bei seinem Rechnitzbesuch:

*"Als sie in das neue Vaterland Österreich kamen, fügte es das Schicksal, daß bei uns alles mit Wolken verhangen war. Damals mußten sie sich denken, wir kommen aus Ungarn, mit dem wir so viele Jahrhunderte verbunden waren ... Heute danke ich dem lieben Gott dafür, daß sie gerade in jenen Zeiten herübergekommen sind. Denn wenn sie in Zeiten herübergekommen wären, in denen es uns gut ging und es wäre erst später schlecht geworden, könnte man glauben, daß sie es bereuen, zu Österreich gekommen zu sein". (Oberwarther Sonntags-Zeitung 1923/41: 1)*

## Die 30er Jahre und die Zeit des Nationalsozialismus

Neben der wirtschaftlichen schwierigen Lage ließen auch die knappen politischen Mehrheitsverhältnisse keine Stabilisierung der Situation im Rechnitz der 20er Jahre zu. Nach der Gemeinderatswahl im Jahre 1925 zogen neun Sozialdemokraten, acht Christlichsoziale, zwei Bauernbündler und ein Vertreter der Gemeindepartei in den Gemeinderat ein. Man hoffte, daß es zu einer Beruhigung der politisch angespannten Lage kommen würde:

*" ... Jetzt, da die Wahl vorüber ist, soll zielbewußtes, emsiges Schaffen in der von einer durchwegs fleißigen Bevölkerung bewohnten Gemeinde einziehen. Wenn auch hie und da noch Einzelne sich nicht beruhigen können und wutschnaubende Rache brüten, so ist doch beim größten Teil der Rechnitzer Bevölkerung der gesunde Sinn, der speziell die Rechnitzer auszeichnet, zurückgekehrt, Friede und Eintracht sind wieder eingezogen. Der Kampf um die Politik ist zu Ende, es beginnt ein neuer oder besser gesagt, es beginnt wieder der alte, uralte Kampf, dem wir alle unterworfen sind, nämlich der Kampf ums tägliche Brot." (Oberwarther Sonntags-Zeitung 1925/1: 1)*

Und es war zweifellos ein harter Kampf, den die Rechnitzer auszutragen hatten - vor allem wirtschaftlich. Die Bundesregierung und die

Landesregierung versuchten die Wirtschaft durch Subventionen und Schulungsmaßnahmen zu fördern. So fand Anfang 1928 in Rechnitz ein theoretischer Nachschulungskurs für Arbeitslose statt.

*" ... Daß diese Kurse tatsächlich einem allgemeinen Bedürfnis entsprechen, zeigte sich an der großen Anzahl der sich hiezu meldenden Arbeitslosen, von welchen jedoch wegen Raummangel nur 42 Bewerber aufgenommen werden konnten. Der hiesige Kurs wurde am 3. Jänner eröffnet und wird zehn Wochenstunden drei Monate lang dauern. Neben Lesen wird in diesen Kursen besonders der schriftliche Gedankenausdruck, Rechnen verbunden mit Buchführung und Raumlehre unterrichtet." (Oberwarther Sonntags-Zeitung 1928/3: 4)*



Die bedrückende wirtschaftliche Situation entschärfte sich nur langsam. Im Jahre 1932 wurde eine Sammelaktion für unterstützungsbedürftige Familien durchgeführt.

*" ... Das Gesamtergebnis ist wohl noch lange nicht befriedigend, da für die Winterhilfe einhundert Familien in Betracht gezogen werden müssen, zu deren auch nur notdürftiger Versorgung die bisherige Sammelaktion in keiner Weise ausreicht. Auffallend ist es, daß es gerade gewisse Kreise, deren Wohlstand ortsbekannt ist, sich dieser Aktion gegenüber absolut ablehnend verhalten und von Menschlichkeit nichts wissen wollen. Wenn nicht die Gefahr unüberlegter Handlungen seitens der hungernden und darbenden Menschen bestünde, würde eine Anprangerung dieses Verhaltens durch Veröffentlichung der Namen dieser Leute wohl eine verdiente Strafe sein." (Oberwarther Sonntags-Zeitung 1932/41: 4)*

Zu solch drastischen Mitteln griff man damals dann doch nicht .
Die mangelnde Solidarität und die immer größer werdende Kluft zwischen den politischen Lagern - vor allem auf Bundesebene - trugen jedoch auch nicht zu einem einigermaßen harmonischen Miteinander in der Bevölkerung bei. Außerdem wurde das nationale Element immer ausgeprägter. Der deutsche Nationalismus wurde bei jeder Gelegenheit in den Vordergrund gestellt, wie zum Beispiel bei der Türkenbefreiungsfeier in Rechnitz im Juni 1933, als der damalige Nationalrat, der aus Rechnitz stammende Franz Binder, vor zahlreichen Zuhörern ausführte:

*" ... Die Ostmark hat vermöge ihrer alten Kultur dem deutschen Volk unendlich wertvolle Kulturgüter gegeben, denn sie war uraltes deutsches Land, und wir selbst sind stolz, Stammesgenossen des großen deutschen Volkes zu sein, dessen Sprache wir reden ... " (Oberwarther Sonntags-Zeitung 1933/26: 3)*

Es dauerte dann auch nur mehr fünf Jahre, bis dieses Grenzgebiet dem "Deutschen Reich" angegliedert wurde. Dem anfänglichen Stolz folgte bald die große Trauer.

1941 kam es wegen "Vorbereitung zum Hochverrat" zur Verhaftung einiger Rechnitzer. Wie für Millionen andere Menschen, begann auch für sie ein langer Leidensweg durch die Nazi-Maschinerie.

Der Zweite Weltkrieg brachte den Rechnitzern großes Leid und wirtschaftliche Not. Die Geschäfte waren leer, die Getreidespeicher und Weinfässer beschlagnahmt und die Sicherheitsverhältnisse äußerst mangelhaft.

*1991 wurde im Schloßpark von Rechnitz zur Erinnerung an die vier Rechnitzer Widerstandskämpfer und an die jüdischen Zwangsarbeiter, die 1945 beim "Kreuzstadl" in Rechnitz ums Leben gekommen waren, ein Mahn- und Denkmal errichtet.*

**G R A F, Paul: 2.3.1907 Agendorf; Rechnitz; 10.9.1944-7.1.1945; KZ Dachau, KZ Mauthausen; 7.1.1945 im KZ Mauthausen gestorben.**

**H O T W A G N E R, Josef: 8.8.1902 Chicago (USA); Rechnitz; Schulleiter und Oberlehrer; Vorbereitung zum Hochverrat; 10 Jahre Zuchthaus; 11.8.1941-18.6.1945; LG Graz, Z Straubing; 3.7.1945 im Krankenhaus Straubing gestorben.**

**K I S S, Emmerich: 29.12.1897 Güns; Rechnitz; Rauchfangkehrer; Vorbereitung zum Hochverrat; Todesurteil; 11.8.1941-18.12.1942; Gestapo Rechnitz, Oberwart, LG Graz, LG Wien; 18.12.1942 hingerichtet.**

**U N T E N E C K E R, Michael: 25.7.1887; Rechnitz; Landwirt; 20.6.1938-30.6.1941; Sammellager Oberwart, KZ Dachau, KZ Mauthausen; 30.6.1941 im KZ Dachau gestorben.**

*Quelle: Widerstand und Verfolgung im Burgenland 1934-1945: Dokumentationsarchiv des österreichischen Widerstandes (Hg.), 2. Auflage, Wien 1983, S 424-464*

**Diese Menschen sind der Beweis dafür, daß es auch in Rechnitz "Widerstand" gab, daß auch hier nicht alle "mitgemacht" haben, nicht alle im Lager des deutschen Faschismus standen. Sie haben die Philosohie der Anpassung überzeugend widerlegt und somit unserem Land - wie auch alle anderen Widerstandskämpfer in Österreich - einen große Dienst erwiesen.**

Von den vielen Rechnitzer Männern, die zum Krieg einrücken mußten, kamen 193 nicht mehr zurück, es gab auch Opfer unter der Rechnitzer Zivilbevölkerung.

## Nachkriegszeit und Gegenwart

Nach Ende des Krieges plünderten die russischen Besatzungssoldaten häufig die Häuser. Die Rechnitzer organisierten deshalb im Sommer 1945 eine Selbstwache, die in der Nacht vor den Häusern patroullierte. Die Russen kontrollierten gleich nach dem Krieg auch die Gemeindevertretung. Sie nahmen auf die politischen Mehrheitsverhältnisse keine Rücksicht und ernannten jeweils drei Vertreter von der SPÖ, der ÖVP und von der KPÖ. Emmerich Cserer wurde als Bürgermeister und Alois Hofer als Vizebürgermeister eingesetzt. Im Jahre 1950 fanden Gemeinderatswahlen statt, bei der die SPÖ 13 und die ÖVP 6 Mandate erreichten. Die SPÖ dominiert bis heute den Gemeinderat und stellte bis 1990 auch den Bürgermeister. Der politisch prominenteste Vertreter des Ortes in den letzten Jahrzehnten war Alois Gossi (SPÖ), fast siebzehn Jahre lang Bürgermeister von Rechnitz. 1970 zog Alois Gossi in den Burgenländischen Landtag ein, wo er sich in erster Linie mit kommunalen Fragen beschäftigte. 1982 wurde Gossi - gegen seinen Willen - in den Nationalrat berufen. Mit Ende der nachfolgenden Gesetzgebungsperiode schied er 1986 aus dem Nationalrat aus.

Nach dem Verlust von zwei Mandaten für die SPÖ bei der Gemeinderatswahl 1987 spitzten sich die politischen Verhältnisse in Rechnitz zu. Bei einem Mandatsstand von 12 SPÖ und 11 ÖVP waren Schwierigkeiten im Gemeinderat fast vorprogrammiert. 1989 dankte Alois Gossi als Bürgermeister ab, und Josef Saly (SPÖ) wurde zu seinem Nachfolger bestellt. Nachdem ein SPÖ-Gemeinderat die Fraktion verlassen und als sogenannter freier Gemeinderat mit der ÖVP den Landtagsabgeordneten Heribert Oswald zum Bürgermeister gewählt hatte, wurde Saly schon ein Jahr später seines Amtes enthoben (Abwahl mittels eines Mißtrauensantrages).

Im Herbst 1992 ist nach der letzten Gemeinderatswahl eine Stabilisierung der politischen Zusammensetzung im Gemeinderat eingetreten. Die SPÖ erreichte 12 Mandate und damit die absolute Mehrheit, die ÖVP 9 und die FPÖ 2 Mandate. Josef Saly wurde mit mehr als 55 Prozent erstmals direkt von der Rechnitzer Bevölkerung zum Bürgermeister gewählt.

# WIRTSCHAFTLICHE ENTWICKLUNG

## Landausbau und Siedlungsintensivierung

Das österreichische Hochmittelalter war eine Zeit des Landausbaues und der Siedlungsintensivierung. Gegen Ende des 13. Jahrhunderts und auch später wurden in den verschiedensten Gegenden Ortschaften und Fluren aufgegeben. Die grundherrschaftlichen Urbare nennen zahlreiche "öde" Orte, leerstehende, baufällige Höfe und noch öfter verwildete Felder. Der Prozentsatz an "Wüstungen", wie man die abgekommenen Ortschaften und Fluren zu nennen pflegte, war recht groß, vor allem in einem breiten Streifen im Osten des österreichischen Raumes. (Zöllner 1979: 165)

Auch das westungarische Gebiet blieb von diesen Verödungen nicht verschont. Im Mitterndorfer Urbar aus dem Jahre 1451, benannt nach dem damaligen Pfleger dieser Gegend, werden erstmals neben den bestifteten Bauernsessionen auch zahlreiche öde Lehen ausgewiesen.

Seit der Mitte des 15. Jahrhunderts konnte der Untertan Haus und Hof um einen Schützungspreis verkaufen und nach Abstattung seiner sämtlichen Schulden unter Mitnahme seiner beweglichen Habe in eine andere Grundherrschaft oder auch in die Stadt übersiedeln. Der Bauernhof fiel an den Grundherrn zurück. Es war jedoch üblich, diese Ansässigkeit an einen anderen Untertan weiter zu verleihen. (Ernst 1987: 261)

Meistens waren die Höfe jedoch so stark verschuldet, daß man keinen Käufer fand und daher einfach flüchtete. Als die Batthyánys die Dorfgemeinschaft zur Schuldentilgung verpflichtete, flüchteten noch mehr Bauern. Es kam äußerst selten vor, daß jemand einen "Stifter" fand, also einen Bauern, der den Hof mit allen Belastungen übernahm. Dieses Fluchtphänomen war im Landessüden, bei den Batthyánys, häufiger zu beobachten als im Landesnorden, bei den Esterházys.

Rechnitz war aber zu dieser Zeit nicht ausschließlich vom Ackerbau abhängig. Zu den Einkünften des Ortes gehörten noch eine Maut von vier bis fünf Gulden jährlich, die an den Toreingängen eingehoben wurde, sowie das Bergrecht (eine Art Grundsteuer) von 15 Eimern Wein jährlich. Daneben mußte jedes Bauernhaus der Herrschaft jährlich zwei Schnitter zur Heu- und Getreideernte abstellen oder eine Ablöse von je sechs Pfenning bezahlen. Ähnliches galt für den Ungermarkt. (Loibersbeck 1955/15: 4)

Einen Tiefpunkt des Siedlungsstandes und des Wirtschaftslebens erreichte die Herrschaft Rechnitz-Schlaining nach den Türkenkriegen von 1529 und 1532. Um diese Zeit setzte jedoch mit der Ansiedlung von Kroaten, die vor der ständigen Bedrohung durch die Türken geflüchtet waren, eine in mehreren Etappen erfolgende Siedlungswelle ein. Diese Neusiedler stammten vor allem aus dem kroatischen Küstenland ("Wasserkroaten"), aber auch aus der Zagreber Gegend und aus Slawonien.





Zweifellos wirkte sich der Umstand positiv aus, daß die Grundherren von Rechnitz, die Batthyánys, in Kroatien Besitzungen hatten und daher den Flüchtlingsstrom zu ihren Gunsten lenken konnten. (Prickler 1977:165)

Den Zustand der Herrschaft zu dieser Zeit beschreibt das "Urbar Register über den Schläning, in Hungarn nach dem Jahre 1532" des vierten Ehemannes der Barbara Baumkircher, Longinus von Puchheim. In diesem Urbar sind neben den Bauernbesitzungen auch die Abgaben der sogenannten kleinen Leute angeführt, die nur "Hofstatt mit Acker und Wiesmahd" haben. Diese zahlen zu Georgi (24. April) und Michaeli (29. September) 25 Wiener Pfenning und zu Weihnachten 21 Pfenning. Für die Bauern hingegen galt eine günstigere Regelung:

> *"Von einem jedlichen ganzen Hof im deutschen Markht daselbst ligent dient man järlich zu sand Georgentag Wiener Pfenning 4 ... zusand Michelstag auch so viel, zu den ostern aber 42 Kreuzer". (Loibersbeck 1955/16: 3) (2)*

Außerdem mußten alle Untertanen, auch die aus dem Ungermarkt, einer Aufforderung des Richters zufolge, zu Weihnachten eine Fuhre Holz zum Heizen in das Schloß bringen. Die Leute aus dem Ungermarkt hatten zu Georgi und Michaeli mit 100 Wiener Pfenning und zu Ostern mit 42 Pfenning mehr als das Doppelte zu bezahlen als die Bewohner des Deutschmarktes.

## Die Bedeutung der Landwirtschaft

Im 17. und 18. Jahrhundert kam es zu einigen wirtschaftlichen Veränderungen gegenüber dem Mittelalter. Das

Anwachsen der Meiereien durch die Einbeziehung verödeter Hofstellen verschlechterte um die Mitte des 17. Jahrhunderts zusehends die Lage der Bauern, insbesonders im Komitat Vas (Eisenburg).

Man begann sich ausführlicher mit der Landwirtschaft zu befassen und suchte, den geographischen Bedingungen entsprechend, nach den jeweils besten landwirtschaftlichen Nutzungsarten. In Rechnitz fand vor allem der Getreideanbau ideale Bedingungen vor.

Das große Granarium (Schüttkasten) aus dem 18. Jahrhundert war ein sichtbares Zeichen der Bedeutung dieses Wirtschaftszweiges. In dieser Region wurde Getreide, besonders Weizen und Roggen, im Überschuß produziert und für den Handel verwendet. Den Getreideschnitt besorgten zumeist Knechte und Mägde sowie ledige Burschen aus dem ungarischen Raum, die als Lohn in der Regel einen gewissen Anteil der Ernte bekamen.

Neben dem Getreideanbau fanden der Weinbau und der Weinhandel ihre intensivste Nutzung. Das "Gebirge" von Rechnitz und der Eisenberg waren flächenmäßig die ausgedehntesten Weingartenflächen des Komitats Eisenburg. Hier und in Güns wurde qualitativ hochwertiger Wein erzeugt, der auf der sogenannten "unteren Straße" über Preßburg bis nach Nordmähren, Schlesien und Polen gelangte.

*Granarium (Fruchtspeicher der Gutsherrschaft Rechnitz), viergeschoßiges "Fruchtlagerhaus"*

Die "obere Straße" führte über Wien. Für diesen Transport erhielten die Rechnitzer ein eigenes Privileg, das die Fahrt durch Niederösterreich erlaubte. Die hohe Wertschätzung des Rechnitzer und Eisenberger Weines kann man auch aus der Tatsache ermessen, daß das Chorherrenstift hier Eigenbauweingärten betrieb. (Prickler 1977: 172, Jandrisevits 1936/5: 98)

In den Weingärten arbeiteten hauptsächlich Saisonarbeiter und während der Grünarbeit (Schneiden, Binden, Jäten) auch Mädchen. Den fertigen Wein kauften und vertrieben Händler. Die Rechnitzer selbst waren am Weinhandel nicht besonders interessiert, sehr wohl aber am Weinausschank, wie Unstimmigkeiten über das Ausschankrecht beweisen. (Jandrisevits 1936/5: 201 ff) (3)

*Weinkeller im Rechnitzer "Weingebirge"*

Wie eine Zusammenstellung der Sessionen (Hof und Gewerbe) bestätigt, war der landwirtschaftliche Besitz meist sehr klein. Im Deutschmarkt etwa gab es insgesamt 97 Sessionen bzw. Teilsessionen. Die Wirtschaften zu je einer ganzen Session gehörten vielfach Adeligen. Die Teilsessionen waren meist an Adelige verpachtet. Eine ganze Session bestand aus 14 Joch Acker, Wiesen zu drei Mähern und Weingärten zu 30 und 40 Hauern. Auch Pachtäcker, für die man jährlich einen Gulden fünzig Kronen bis 14 Gulden zahlte, und einige Ochsen, Kühe und Schweine zählten zur Session. (Loibersbeck 1969: 159)

Wie sehr die Landwirtschaft in dieser Gegend an Bedeutung gewann, zeigt, daß im Jahre 1839 in Rechnitz eine Landwirtschaftliche Lehranstalt gegründet wurde. Hier sollten die landwirtschaftlichen Verwalter für die ausgedehnten Güter der Batthyánys ausgebildet werden. Der theoretische Unterricht mit praktischen Übungen fand ausschließlich in ungarischer Sprache in den Wintermonaten statt. Die Studenten leisteten vom Frühjahr bis zum Herbst auf den Herrschaftsgütern als Assistenten der Verwalter ihre Praxis ab. Sie wurden in diese Lehranstalt ab der 6. Klasse der Mittelschule (Gymnasium) aufgenommen. Die Lehranstalt war im Schloß untergebracht. Dort wohnten die Verwalter, die Professoren und Hilfslehrer sowie die Studenten der Anstalt. (Kiss 1991: 147 ff)

Schon nach zwei Jahren (1841) mußte die Landwirtschaftliche Lehranstalt jedoch wegen Unstimmigkeiten unter den Professoren den Betrieb einstellen.

## Die Bedeutung des Gewerbes

Die Rechnitzer konzentrierten sich aber nicht ausschließlich auf die Landwirtschaft und den Weinbau. Sie waren bereits damals flexibel und mobil genug, sich ein zweites berufliches Standbein zu schaffen, das Handwerk. Die Entwicklung des Handwerks war abhängig von der geographischen Lage, der Entfernung zu den Handels- und Verkehrswegen, von den örtlichen Gegebenheiten und dem Umstand, daß die mit der Landwirtschaft verbundenen Tätigkeiten (Verrichtung von Bauarbeiten und Herstellung der notwendigen Arbeitsgeräte) besonderes fachliches Können verlangten. Wichtig für viele Handwerkszweige war auch die Nähe von Absatzmärkten.

Die einzelnen Berufsgruppen schlossen sich zumeist in ihren Herrschaftsbereichen zusammen und bildeten eine Zunft oder Zeche, wofür ihnen von ihren Grundherren Freibriefe ausgestellt wurden. In Rechnitz gab es eine Reihe solcher Verbände von Handwerkern. Zum Beispiel die Csizmenmacher, eine Art Stiefelmacher. Der Csizma ist im Gegensatz zum Stiefel nur aus zwei Teilen mit Seitennähten zusammengenäht. Außerdem ist der Schaft des Csizma vorne höher, meistens mit Schnüren eingefaßt und verziert.

Die älteste Handwerksordnung der Rechnitzer Csizmenmacher ist eine erweiterte Übersetzung der lateinisch geschriebenen Zunftordnung der königlichen Freistadt Preßburg aus dem Jahre 1602. Sie erhielt jedoch keine Bestätigung der Grundherrschaft.

Diese Zunftordnung umfaßt 24 Artikel, Vorschriften zur Erlangung des Meisterrechtes, die Behandlung auswärtiger Meister und sogenannter "Störer", Preise und Löhne, Lehr- und Arbeitszeiten, Dauer der Wanderschaft und anderes mehr.

Im Jahre 1661 übernahmen die Rechnitzer Csizmenmacher die Handwerksordnung der Schuhmacherinnung von Körmend und ließen sie von den Grafen Christoph und Paul Batthyány bestätigen. Die Antragsteller waren, wahrscheinlich im Namen aller Zunftgenossen, ungarische Csizmenmacher. Der ungarisch abgefaßte Zunftbrief wurde von den vier Richtern des deutschen, ungarischen und kroatischen Marktes sowie von den Geschworenen unterschrieben. (Loibersbeck 1969: 64, Csizmenmachermuseum Rechnitz, Burgenländisches Landesmuseum)

1712 bestätigten die Batthyánys die Privilegien der Zunft. Im Jahre 1813 zählte die Rechnitzer Csizmenmacherzunft 48 einheimische und auswärtige Meister. 1926 wandelten die Csizmenmacher ihren Verein in eine Genossenschaft um. Zwei Jahre später konstituierte sich die Landesgenossenschaft der Csizmenmacher des Burgenlandes mit Sitz in Rechnitz.

Neben der Csizmenmacherzunft errang auch die Zunft der Drechsler überregionale Bedeutung. Ursprünglich gehörten die Rechnitzer Meister zur Zunft von Sopron. Von dieser übernahmen sie die Handwerksordnung, als sie in Rechnitz eine eigene Zunft errichteten.

Zwar trägt das Petschaft (Siegel) der Zunft die Jahreszahl 1722, das Meisterbuch vermerkt jedoch *"Anno 1724 den 28 feber Ist das Ersamme Hand werch dera Trexler Meister aufgerichtet worden In den Hochleblichen Marckth Rechnitz"*. Im 18. Jahrhundert wurden insgesamt 31 Meister aufgenommen, darunter auch einige auswärtige Meister, die nicht im Markt selbst, sondern in der Umgebung tätig waren. (Loibersbeck 1969: 143, Csizmenmachermuseum)

*Johann Koch, letzter Csizmenmachermeister in Rechnitz.*

Weitere bedeutende Zünfte in Rechnitz hatten die Hutmacher und Knopfmacher. 1801 gründeten die deutschen Hutmacher ihre Zunft, der zwanzig Jahre später die fünf Meister aus Güns geschlossen beitraten. Bis zur letzten Eintragung im Jahre 1875 wurden immerhin 91 Meister aufgenommen.

1677 entstand in Rechnitz die erste Knopfmacherzunft im deutschsprachigen Westungarn. Vorher gehörten die Meister von Rechnitz eine Zeitlang zur Zunft in Steinamanger. Von dieser übernahmen sie auch die Handwerksordnung. 1753 beschlossen die Meister *"... dero schon Vor langen Zeithen Verflossenen Begebenheiten, auß unterschidlichen schriften Zu samen geleßen Und Nach Rechter Ordnung ... in ein ... Buch Zu Bringen"*.

Mit sieben Meistern (*"... Sollen nur Sieben an der Zahl sein deutscher, Croatischer und Ungarischer Nation ..."*) war die Knopfmacherzunft von Rechnitz in der zweiten Hälfte des 18. Jahrhunderts die mitgliederstärkste im Komitat Eisenburg. (Gürtler 1985: 237 ff)

## Beginn der Pendelwanderung

In der ersten Hälfte des 19. Jahrhunderts erlebte Rechnitz eine wirtschaftliche Blüte und einwohnermäßig seinen Höchststand. Nach 1850 kam es zu einer Rezession, die sich sowohl in der sinkenden Einwohnerzahl als auch in der Umstrukturierung der Wirtschaft erkennen läßt.

> *" ... Der soziale Umbruch, der um die Jahrhundertwende auch die ländlichen Gebiete voll erfaßte, wirkte sich auch in Rechnitz aus. Ein Großteil der Bevölkerung lebte in ärmlichen Verhältnissen. In den langen Hofstätten (Streckhöfen) lebten viele Familien (besonders durch Erbteilungen entstanden). Viele konnten in den überlieferten Lebensformen nicht mehr existieren und wanderten in andere Teile der Monarchie oder nach Amerika aus." (Rechnitz in alten Ansichten 1991: 53)*

Die Arbeitsplätze (Baugewerbe) in Ungarn dürften allerdings der Grund dafür gewesen sein, daß es in Rechnitz nicht zu einer derart starken Abwanderung nach Amerika kam wie in anderen südburgenländischen Gemeinden, die hauptsächlich landwirtschaftlich orientiert waren.

Um diese Zeit arbeiteten bereits sehr viele Rechnitzer in Maurer- oder Zimmereiberufen, andere als Gutsarbeiter und

Taglöhner, teilweise auch als "Grünarbeiter" auf auswärtigen Gütern.

*"Es beginnt also die Zeit der 'Pendelwanderung' in die aufstrebenden Industriestandorte (Szombathely/Steinamanger, Sopron/Ödenburg, Budapest und Wien), wobei diese Pendler bei den damaligen Verkehrsverhältnissen oft monatelang der Heimat fernblieben." (Rechnitz in alten Ansichten 1991: 53)*





Mit der Entstehung des Burgenlandes und der nunmehrigen Grenzlage verlor Rechnitz sein ungarisches Einzugsgebiet und die dortigen Absatzmärkte.

Seit Ende des Zweiten Weltkrieges zeigt sich eine deutliche Abnahme der landwirtschaftlichen und gewerblichen Betriebe. Die für das gesamte Burgenland symptomatischen "Auspendler" sind auch für Rechnitz typisch. War 1961 hier noch ein Drittel der Berufstätigen selbständig, so war es 1971 nur mehr ein Siebentel. Den größten Anteil an den beruflich Selbständigen hat nach wie vor die Landwirtschaft, während Handel und Gewerbe immer mehr zurückgehen.

Der größte Anteil der beruflich Unselbständigen arbeitet außerhalb von Rechnitz (ca. ein Drittel der Gesamtberufstätigen), die meisten pendeln nach Wien aus und sind im Baugewerbe tätig.

Die fast vierzigjährige Abgeschlossenheit durch den "Eisernen Vorhang" wirkte sich vor allem für die grenznahen Regionen und damit auch für einen Grenzort wie Rechnitz stark aus.

Die Veränderungen in Osteuropa, der Wegfall bisher trennender Grenzen (1991 wurde in Rechnitz/Bozsok ein nationaler Grenzübergang eröffnet), die wirtschaftliche Öffnung "Europas" zum Osten hin, stellen auch Rechnitz vor neue Entscheidungen und Möglichkeiten.

So gibt es Diskussionen über eine Reaktivierung der Bahnverbindung Oberwart - Rechnitz - Szombathely und Bestrebungen, einen grenzüberschreitenden Naturpark (Geschriebenstein) mit ca. 6.000 Hektar Wald inklusive "Weingebirge", zu errichten.

Durch den Wegfall der bisher trennenden Grenzen könnten auch vermehrt die landschaftlichen Schönheiten von und um Rechnitz genützt werden: Die Wälder des Günser Gebirges, der Badesee, der bereits 1992 von vielen ungarischen Gästen besucht wurde, das Trockenbiotop am "Galgenberg" mit mehr als 400 Schmetterlingsarten, das flächenmäßig sehr große und landschaftlich schöne "Weingebirge" mit seinen vielen Buschenschenken.

Es bleibt abzuwarten, wie diese Chancen genützt werden, wie es den Rechnitzern gelingt, das Beste aus dieser neuen Situation zu machen.

ANMERKUNGEN





(1) Laut einer Urkunde schrieb um 1270 der Jáker Csepan II. in Rechnitz sein Testament. Er wird daher auch der "Rechnitzer" genannt.
(2) Diese Urkunde ist im Steiermärkischen Landesarchiv in Graz aufbewahrt.
(3) *"4. Oktober 1824 Narai. Entscheidung des Oberstuhlrichters von Eorssy in Naray, dass die Pfarrbauern auch ohne die Herrschaftsbauern ihren Wein ausschenken dürfen, weil laut Urbarialrecht, wo keine Weingarten im Hotter sind, jeder seinen Wein an seinem Wohnsitz ausschenken kann."* (Das Original dieses Briefes liegt im Pfarrarchiv von Schandorf)

LITERATUR UND QUELLEN

Braitenberg, Benno: Männer müssen kämpfen, Leipzig 1938
Burgenland Kurier - Unabhängiges Wochenblatt 1946/2
Ernst, August: Geschichte des Burgenlandes, Wien 1987
Gemeindechronik ab 1784, Marktgemeinde Rechnitz
Gürtler, Wolfgang: Zur Geschichte der Rechnitzer Knopfmacherzunft im 19. Jahrhundert, in: Wissenschaftliche Arbeiten aus dem Burgenland, Band 71, Eisenstadt 1985, S 237ff
Hicke, Wilfried: Zwei spätromanische Körpergräber aus Rechnitz, in: Wissenschaftliche Arbeiten aus dem Burgenland, Band 71, Eisenstadt 1985
Jandrisevits, Peter: Urkunden und Dokumente über das südliche Burgenland und Umgebung bis zum Jahre 1400, Band 1, Schandorf 1932. Zitiert nach: Zalamegyei Okleveltar, Tom.II, pag. 115 etsq. Das Original befindet sich möglicherweise noch im Archiv der gräflichen Familie Festetics in Keszthely, Zaladien 44
Jandrisevits, Peter: Urkunden und Dokumente über das südliche Burgenland und Umgebung bis zum Jahre 1400, Band 2, Schandorf 1933
Jandrisevits, Peter: Urkunden und Dokumente über das südliche Burgenland und Umgebung bis zum Jahre 1400, Band 5, 1936
Kiss, Kalman: Gründung der Landwirtschaftlichen Anstalt vor 150 Jahren, in: Burgenländische Heimatblätter, Eisenstadt 1991/3, S 147ff
Loibersbeck, Josef: Rechnitz und die beiden Hodisse, in: Volk und Heimat, Eisenstadt 1955/12

Loibersbeck, Josef: Rechnitz und die beiden Hodisse, in: Volk und Heimat, Eisenstadt 1955/15
Loibersbeck, Josef: Rechnitz und die beiden Hodisse, in: Volk und Heimat, Eisenstadt 1955/16
Loibersbeck, Josef: Rechnitz und die beiden Hodisse, in: Volk und Heimat, Eisenstadt 1969
Loibersbeck, Theophil: Einmarsch der Freischärler in Rechnitz am 29.9.1921, in: Oberwarther Sonntags-Zeitung, 8.6.1931
Oberwarther Sonntags-Zeitung 1923/41
Oberwarther Sonntags-Zeitung 1925/1
Oberwarther Sonntags-Zeitung 1928/3
Oberwarther Sonntags-Zeitung/Festbeilage 1929
Oberwarther Sonntags-Zeitung 1932/41
Oberwarther Sonntags-Zeitung 1933/26
Prickler, Harald: Die "Obere Wart" in der Neuzeit, in: Ladislaus Triber: Die Obere Wart, 1977
Rechnitz in alten Ansichten: Gemeindeamt Rechnitz (Hg.), Rechnitz 1991
Schlag, Gerald: Die Kämpfe um das Burgenland 1921, in: Militärhistorische Schriften 16, Wien 1970, S 26
Wentzel, Johann: Rede zur Enthüllungsfeier des Freiheits-Denkmals in Rechnitz, Steinamanger 1899
Weckruf - Zeitung, Sopron 1919
Widerstand und Verfolgung im Burgenland 1934-1945: Dokumentationsarchiv des Österreichischen Widerstandes (Hg.), 2. Auflage, Wien 1983
Zöllner, Erich: Geschichte Österreichs, Wien 1979

Burgenländisches Landesmuseum in Eisenstadt - Originale
Csizmenmachermuseum in Rechnitz - Aufzeichnungen

Interviews, durchgeführt 1992:
Gossi, Alois - Altbürgermeister von Rechnitz
Oswald, Heribert - zum Zeitpunkt des Interviews Bürgermeister von Rechnitz
Prickler, Harald - Landesarchiv
Saly, Josef - zum Zeitpunkt des Interviews Vizebürgermeister von Rechnitz

Wie andere (burgenländische) Gemeinden auch, ist Rechnitz vom Zusammentreffen verschiedener Sprachen, Volksgruppen und Konfessionen geprägt worden.

Der folgende Beitrag soll den Rechnitzerinnen und Rechnitzern einen Überblick darüber geben, wodurch dieses Zusammentreffen bewirkt wurde, welche Gründe dafür ausschlaggebend waren und sind.

Wie kamen Kroatischsprachige in das heutige Burgenland, nach Rechnitz?

Worauf sind die Rechnitzer Ortsteile Ungermarkt und Deutschmarkt zurückzuführen?

Was sind die Gründe für den relativ hohen Anteil der Protestanten in Rechnitz?

Welche Rolle spielte das Magnatengeschlecht der Batthyánys bei der Ansiedlung von Kroaten, Juden und Roma, bei der Niederlassung von Protestanten, im wirtschaftlichen und politischen Leben von Rechnitz?

Ist diese konfessinelle und ethnische Vielfalt der Vergangenheit nur ein Spezifikum von Rechnitz, ein Spezifikum des Burgenlandes? Oder finden sich ähnliche (historische) Strukturen auch in anderen Gemeinden?

Was können wir daraus für die Gegenwart ableiten?

Denise Steiger

# ETHNISCHE UND KONFESSIONELLE VIELFALT IN RECHNITZ - DIE BEDEUTUNG DER BATTHYANYS





## DEUTSCHMARKT - UNGERMARKT

Der Ort Rechnitz wuchs im Laufe des Mittelalters aus zwei Herrschaften zusammen, die wirtschaftlich verschieden geplant und ausgerichtet waren.

### Deutschmarkt

Die Grafen von Güssing, ein deutsches Adelsgeschlecht, besaßen die Herrschaft im Deutschmarkt im 12. Jahrhundert und siedelten hier deutsche Bauern an. Die "Güssinger" erbauten die Burg Rechnitz, das sogenannte "Öde Schloß", eine mächtige Anlage auf einer Bergkuppe. In Rechnitz stand noch eine zweite Burg, weiter unterhalb im Ort, die der Familie Ják gehörte.

Im Jahr 1329 tauschten die Güssinger ihre Dörfer Egyházas, Niczk und Lák-Niczk gegen die Stadtburg von Rechnitz und den Ungermarkt von den Jákern ein und vereinigten beide Herrschaften (Deutschmarkt und Ungermarkt) zur Herrschaft Rechnitz.

Der Deutschmarkt, "civitas teutonicalis", muß schon im 14. Jahrhundert sehr bedeutend gewesen sein, denn in einer Teilungsurkunde der Güssinger Grafen aus dem Jahr 1374 wird er ausführlich beschrieben. Unter anderem war er schon gassenweise geteilt.

Die Pest und verschiedene Kriegszüge verursachten in der Bevölkerung von Rechnitz große Verluste. So werden im sogenannten "Mitterndorfer Urbar" (benannt nach dem Verfasser), das Kaiser Friedrich III., der damalige "Herr" von Rechnitz 1451 aufzeichnen ließ, im Deutschmarkt 42 Lehen als "öde" ausgewiesen, im Ungermarkt 21. Trotzdem war der Deutschmarkt wirtschaftlich besser gestellt, denn er mußte an Friedrich III. eine Steuerleistung von 180 Gulden erbringen, der Ungermarkt hingegen nur 80 Gulden. Neben den 42 öden Lehen weist das Urbar für den Deutschmarkt 48 bestiftete zinshafte Sessionen und 30 befreite Viertellehen aus, auch drei Mühlen standen hier. (Als Session bezeichnete man Höfe für Bauern, die auch anderweitig berufstätig sein konnten, zum Beispiel im Gewerbe oder Handwerk.)

In der ersten Hälfte des 16. Jahrhunderts hatte Rechnitz wiederum unter Seuchen und Kriegen (Türkenbelagerung von Güns, 1532) schwer zu leiden. Dies zeigt sich auch an der Zahl der leeren Hofstellen. 1532 gab es im Deutschmarkt 22 Bauern mit einem ganzen Hof, 20 Bauern mit je einem Viertelhof und 4 Bauern mit je einem Achtelhof. 17 ganze Höfe, 10 halbe Höfe, 10 Viertelhöfe und 4 Achtelhöfe waren "öd".

Ein Viertelhof hatte damals etwa 2,5 ha, die Vermutung liegt daher nahe, daß diese Hofstellenbesitzer (also Viertel- und Achtelbauern) neben der Landwirtschaft in anderen Wirtschaftszweigen tätig waren.

Die Familie Batthyány, seit 1541 Inhaber der Herrschaft Rechnitz, gestattete evangelischen Glaubensflüchtlingen aus Innerösterreich, sich in den leeren Hofstellen des Deutschmarktes anzusiedeln. Daher war (und ist) der Anteil der Protestanten gemessen an der Gesamteinwohnerzahl des Deutschmarktes traditionell hoch.

Ebenso förderten die Batthyánys aus wirtschaftlichen und finanziellen Interessen die Ansiedlung von Juden in ihrer Herrschaft.

Von der Anlage her hatte der Deutschmarkt eher städtischen Charakter, was die Ausübung von Handwerk, Gewerbe und Handel begünstigt haben dürfte.

Laut Zählung der kanonischen Visitation aus dem Jahr 1713 waren von den 1500 "Seelen" des Deutschmarktes 490 Katholiken und 1010 Protestanten. An Juden zählte man in Rechnitz 400 "Seelen", die hauptsächlich um den Hauptplatz, in der Herrengasse und in der Judengasse wohnten.

**Das Maria Theresianische Urbar (1767) weist für den Deutschmarkt als herrschaftsuntertänig aus:**

209 Bauern (darunter 23 Juden)
68 Söllner (darunter 1 Jude)
36 Hulden (Inwohner, ohne eigenes Haus)
5 Bauern zu je einer Achtelsession des Pfarrers
18 Pfarrsöllner

**1858 werden für den Deutschmarkt ausgewiesen:**

203 herrschaftliche Bauern
103 behauste Söllner mit Urbarialrecht
61 behauste Söllner ohne Urbarialrecht
4 Bauern und 15 behauste Söllner des Pfarrers

Die Zunahme der Söllner, meist Handwerker oder Gewerbetreibende, in diesen knapp hundert Jahren ist unübersehbar.

*"Unter der Bezeichnung ´Söllner´ werden grundherrschaftliche Bedienstete verstanden (Verwendung z.T. für Waffendienst, aber auch für zivile Dienste), die dafür eine Hofstatt mit Acker und Wiese als Lehen bekamen." (Rechnitz in alten Ansichten 1991: 52)*

## Ungermarkt

Die Jáker, eine ungarische Adelsfamilie, besaßen im 12. Jahrhundert die Herrschaft im Ungermarkt und siedelten hier ungarische und kroatische Bauern an. Die Jáker residierten in der zweiten Burg in Rechnitz, in der Stadtburg.

Laut Urbar aus dem Jahr 1451 hatte der Ungermarkt 31 bestiftete zinshafte Bauernlehen und 16 befreite Viertellehen, 21 Viertellehen lagen "öde". Im Ungermarkt standen vier Mühlen.

1527 kam es zu der mehr oder weniger mit königlicher Gewalt durchgeführten Übernahme der Herrschaft Rechnitz durch die Familie Batthyány, die zunächst nur den Ungermarkt innehatte. 1541 gelangten die Batthyánys dann durch Kauf der Besitzanteile der Familie Puchheim/Baumkircher in den Besitz der gesamten Herrschaft Rechnitz.

Die Batthyánys siedelten im Ungermarkt Kroaten aus ihren slawonischen Besitzungen (um Kopreinitz) an, die sich hier vor den Türken sicher fühlten. Daher war der Ortsteil Ungermarkt zu einem großen Teil von kroatischen Bauern besiedelt. Die Katharinengasse hieß früher im Volksmund "Krobotgasse".

Der Ungermarkt war von der Anlage her eine bäuerliche grundherrschaftliche Siedlung. Das Urbar des Jahres 1451 spricht auch ausdrücklich von Bauernlehen, während im Deutschmarkt von Sessionen die Rede ist. Wie groß der Anteil der kroatischen Bevölkerung war, zeigt sich darin, daß die Kroaten bis 1740 eine eigene Pfarre und eine eigene Schule hatten.





Während der Gegenreformation kehrten die Kroaten fast vollzählig zum katholischen Glauben zurück, daher war der Anteil der Protestanten im Ungermarkt sehr gering. 1757 lebten im Ungermarkt 458 Katholiken und nur 62 Protestanten.

**Das Maria Theresianische Urbar (1767) weist für den Ungermarkt als herrschaftsuntertänig aus:**

**215 Bauern (darunter 24 Juden)**
**7 Pfarrbauern zu je einer Achtelsession und 8 Söllner**

**1858 werden für den Ungermarkt ausgewiesen:**

**148 herrschaftliche Bauern**
**95 behauste Söllner**
**13 behauste Söllner ohne Urbarialrecht**
**6 Bauern und 1 Söllner des katholischen Pfarrers**

Seit dem 18. Jahrhundert nahm die Zahl der kroatischen Einwohner von Rechnitz stark ab. 1910 lebten laut Volkszählung 3662 Deutsche, 33 Kroaten und 74 Ungarn in Rechnitz.

Zur Zeit des Nationalsozialismus waren die Kroaten in Rechnitz von der Obrigkeit nicht so gerne gesehen:

Erstens waren sie römisch-katholisch, also Anhänger einer "internationalen" (und nicht nur deutschen)

"Weltanschauung", und zweitens drohte durch den Verkauf "deutschen Bodens" an kroatische Bauern oder durch die Heirat "deutscher" Bauernsöhne mit kroatischen Mädchen die *"Gefahr einer fortschreitenden Schädigung deutschen Volkstums in dieser Gemeinde durch Vermischung und Verdrängung"*. (Zitiert aus einem Schreiben des Ortsgruppenschulungsleiters an den Direktor der Rechnitzer Hauptschule vom 14. Juli 1940.)

Heute leben kaum Kroaten in der Marktgemeinde Rechnitz. Geblieben sind die Bezeichnungen "Deutschmarkt" und "Ungermarkt".



## DIE FAMILIE BATTHYANY

Die Familie Batthyány war von 1527-1871 Inhaberin der Herrschaft Rechnitz. Sie hat die Entwicklung der Marktgemeinde durch ihre religiöse Haltung, ihre Siedlungs- und Wirtschaftspolitik entscheidend geprägt und legte damit den Grundstein für die Vielfältigkeit der Gemeinde.

Religiöse Haltung:
Übertritt zum Protestantismus, Schutz für Glaubensflüchtlinge aus Österreich, Rückkehr zum Katholizismus, jedoch keine allzu strenge Rekatholisierung der Bevölkerung.

Siedlungspolitik:
Ansiedlung von Kroaten, Schutzbriefe für Juden und "Zigeuner" (Roma).

Wirtschaftspolitik:
Ein Gewerbe durfte in der Herrschaft nur am Sitz des Grundherrn, das heißt im Hauptort Rechnitz, ausgeübt werden, die übrigen Orte waren gewerbefrei. Als Folge dieser Wirtschaftspolitik ließen sich in Rechnitz viele Handwerker und Gewerbetreibende nieder.
So gab es beispielsweise um1900 hier 222 Handwerker und Gewerbetreibende (darunter 114 Csizmenmacher, 12 Schmiede, 14 Bäcker, 8 Fleischhauer, 16 Tischler und 10 Müller) und 89 Gewerbebetriebe.

Franz I. Batthyány war Banus von Kroatien und ein bekannter Bekämpfer der Türken. Schon 1524 hatte er von König Ludwig II. Burg und Herrschaft Güssing und den benachbarten und eingezogenen Hedervárvschen Besitz erhalten. König Ferdinand I. bestätigte 1527 diesen Besitz und übertrug Franz I. Batthyány noch weitere Herrschaften: Rechnitz und Schlaining. Allerdings gehörte die Hälfte dieser beiden Herrschaften der Familie Puchheim/Baumkircher. Franz I. Batthyány dürfte also zunächst nur einen Teil der Herrschaft Rechnitz besessen haben, und zwar den Ungermarkt und die Dörfer der Umgebung. In den vollständigen Besitz der Herrschaft Rechnitz gelangte Batthyány erst 14 Jahre später. Die Nachkommmen der Familie Puchheim/Baumkircher verkauften ihre Besitzanteile im Jahr 1541 um 13.000 Gulden an Franz Batthyány.

Eine der ersten Taten des neuen Grundherrn war, daß er Kroaten aus der Gegend von Kopreinitz zur Besiedelung in seine, von den Türken entvölkerte Dörfer holte. In Rechnitz siedelten sich die Kroaten hauptsächlich im Ungermarkt an, wo sie in der Folge auch eine eigene Pfarre und Schule hatten. Kroaten besiedelten auch Schandorf/Cajta, Schachendorf/Cemba, Narda/Nahring, Dürnbach/Vincjet und Hodis/Hodas.

Nachdem Franz I. Batthyány 1566 kinderlos gestorben war, übernahm sein Großneffe, Balthasar II. Batthány den Besitz (1569). Balthasar wurde in Wien und Paris ausgebildet und war, wie seine Vorfahren, ein bekannter Kämpfer gegen die Türken. Während seine Mutter und auch seine Frau, Dora Zrinyi, Lutheranerinnen waren, hing Balthasar II., auch aus Rücksicht auf den Kaiserhof, noch längere Zeit dem katholischen Glauben an. 1569 trat er schließlich ebenfalls zum protestantischen Glauben über. Die katholischen Pfarrer wurden aufgefordert, ebenfalls überzutreten oder die Pfarren zu räumen. Balthasar II. Batthyány starb 1590 in Rechnitz.

Sein Sohn, Franz II. Batthány, war Calviner, dessen Frau Eva Poppel Lutheranerin. Franz II. Batthyány war oberster Feldhauptmann von Niederungarn und Obergespan (Vorsteher) des Komitates Ödenburg.

Bemerkenswert ist in diesem Zusammenhang, daß sich ein Großteil des ungarischen Hochadels überhaupt der calvinischen Richtung des Protestantismus zuwandte. Auch die

Männer der Batthyánys waren Calviner, während ihre Frauen Anhängerinnen der Lehre Luthers waren. Auf diese Weise glaubten viele magyarische Magnaten, nationalbewußt zu handeln. Ihre Vorbilder waren die Siebenbürger Rebellenfürsten (bzw. Gegenkönige) Bocskay, Bethlen Gabor u.a., die als Kämpfer für die Gerechtigkeit im Sinne Calvins galten. (Rechnitz in alten Ansichten 1991: 15)

Im Jahr 1604 kam es zum Aufstand des Stefan Bocskay, den Franz II. Batthyány an der Seite von Kaiser Rudolf II. bekämpfte. Die Gegend von Rechnitz wurde mehrmals zum Kriegsschauplatz und erlitt schwere Zerstörungen. Franz II. Batthyány erhielt vom Kaiser als Entschädigung Körmend.



Der Dreißigjährige Krieg bewirkte, daß Franz II. Batthyány, bisher immer kaisertreu, in seiner Treue schwankend wurde. Im Jahr 1619 stellte sich der Fürst von Siebenbürgen, Gabriel Bethlen, an die Spitze eines Aufstandes, um für die Freiheit der Protestanten in Ungarn und die Unabhängigkeit Siebenbürgens zu kämpfen. Franz II. Batthyány, einerseits Förderer der Protestanten, andererseits aber auch Anhänger der Habsburger, konnte sich zunächst nicht entscheiden, welcher Seite er beitreten sollte. Seine Frau, eine begeisterte Lutheranerin und Böhmin, der Unterhändler Bethlens, Thurzó, und Bethlen selbst konnten Batthyány schließlich dazu bewegen, sich in den Dienst des Aufstandes zu stellen. Seinem Beispiel folgte fast das ganze Komitat.

Der kaiserliche Feldherr Collalto nahm im April 1621 Rechnitz ein und zerstörte das Kastell. Franz II. Batthyány mußte nach Schlaining und von dort nach Güssing flüchten. Er konnte Rechnitz zwar wieder zurückerobern, doch verheerten steirische Bauern in einem Rachefeldzug Rechnitz und die umliegenden Ortschaften. Der Friede von Nikolsburg 1622 beendete Bethlens Aufstand. Batthyány blieb bis zu seinem Tod (1625) Anhänger der nationalen, ungarischen Sache. Die zerstörte Stadtburg von Rechnitz dürfte man bald wieder instandgesetzt haben. (Jandrisevits 1927: 15ff)

Der Nachfolger von Franz II. wurde sein Sohn Adam Batthyány. A d a m B a t t h y á n y wird als 'barsch, kalt, mürrisch und wenig zart' beschrieben. Vor allem aber war er ehrgeizig und, wie die Adeligen seiner Umgebung, der neuen Strömung der Gegenreformation zugänglich. Der Fürstprimas (oberster Bischof von Ungarn) Peter Pázmány, nationaler

Schriftsteller und Politiker, stellte Adam Batthyány im Falle seines Übertritts zum alten Glauben die Reichsgrafenwürde in Aussicht. Um1630 trat Adam Batthyány zum katholischen Glauben über, bekam die Reichsgrafenwürde und heiratete die katholische Hofdame Anna Formantini-Wittmann. Die protestantischen Geistlichen mußten seine Besitzungen verlassen, und Jesuitenmissionen sollten die Bevölkerung zum katholischen Glauben zurückführen.

Unter Adam Batthyány kam es auch zur Ansiedelung der sogenannten "Vlahi" oder "Wallachen" (kroatische, ehemalige Grenzsoldaten) rund um Podgoria, Weiden, Althodis, Schlaining. (Rechnitz in alten Ansichten 1991: 17, Klein o.J.: 73)

In Rechnitz entfaltete Adam Batthyány eine rege Bautätigkeit. An Stelle des alten Kastells ließ er das geräumige neue Schloß mit 200 Zimmern erbauen, in dessen Innenhof "ein Husarenregiment exerzieren konnte".

Er begann auch mit dem Bau der heutigen katholischen Pfarrkirche, nachdem die alte Margarethakirche wahrscheinlich 1644 bei einem Brand zerstört wurde. Adam Batthyány starb 1659 und konnte den Bau nicht mehr vollenden. Nach seinem Tod kam der Kirchenbau zum Stillstand und wurde erst 1679 von seinem Sohn Christoph vollendet.

Christoph und Paul Batthyány, die Söhne von Adam, teilten sich die Nachfolge. Seither besteht eine "ältere" Linie der Familie (Abstammung von Christoph Batthyány) und eine "jüngere " Linie (Abstammung von Paul Batthyány).

Christoph Batthyány war Generalkapitän von Niederungarn. Er eroberte von den Türken Pápa, Tata und Veszprem. Sein Bruder Paul zeichnete sich als Truppenführer in der Schlacht bei St. Gotthard 1664 aus. Christoph Batthyány verbündete sich, um seine Güter zu schützen, 1683 mit den Türken, die Wien belagerten. Er wurde eingekerkert, auf die Fürsprache des Fürsten Esterházy wieder freigelassen und starb bald darauf 1685.

Adam II. Batthyány, sein Sohn, kämpfte sehr erfolgreich gegen die Türken, er beteiligte sich auch an der Rückeroberung von Ofen 1686. 1688 eroberte er Stuhlweißenburg, 1690 Kanizsa.

Im Rechnitzer Schloß wurde ein ständiges Heerlager gehalten. Hier wurden die Truppen ausgebildet und gegen die

Türken geführt. Bis 1867 war in Rechnitz ständig ein großes Militärregiment stationiert (meist Dragoner oder Kürassiere).

Die Anwesenheit dieses Regimentes brachte dem Handwerk (besonders den Schuh- und Stiefelmachern, Tuchmachern, Knopfmachern) und dem Handel große Vorteile.

1687 erteilte Graf Adam II. Batthyány den sich in seinem Herrschaftsgebiet niedergelassenen Juden einen Schutzbrief, in dem er sich auf einen Vergleich, den schon sein Vater mit den Juden geschlossen hatte, berief und ihre bisherigen Freiheiten wieder aufzählte. Dieser Schutzbrief begünstigte das Wachstum der jüdischen Gemeinde.

Adam II. war auch Banus von Kroatien und. Er starb 1705.

*Adam Batthyány*

Sein Nachfolger wurde **Franz III. Batthyány**, 1750 war Graf **Ludwig Ernst Batthyány** Herr von Rechnitz. Er war auch königlicher Kanzler und trat 1741 in der Versammlung des Landtages zu Preßburg für die junge Königin Maria Theresia ein. 1751 wurde er Palatin und als solcher der letzte Träger dieses hohen Amtes. Er war auch Obergespan des Komitates Eisenburg.

1779 folgte ihm sein Sohn, Kardinal Fürst **Josef Batthyány**. Dieser war am Hofe Maria Theresias beliebt und anerkannt und wurde wegen seiner Weisheit und Einsicht sehr verehrt. Ein anderer bedeutender Batthyány war Karl Batthyány. Er wurde 1698 in Rechnitz geboren und zeichnete sich unter Prinz Eugen in den Türkenkriegen aus; 1739 war er Gesandter in Berlin. Karl Batthyány war außerdem Erzieher des jungen Josef II., Obergespan des Komitates Eisenburg und Banus von Kroatien. 1764 wurde er auch Reichsfürst. Die Fürstenwürde vererbte sich auf die ältere Linie der Familie Batthyány.

Im Jahr 1812 gehörte die Herrschaft Rechnitz Anton Batthyány, 1836 den Grafen **Gustav** und **Casimir Batthyány**, dann Gustav Batthyány allein.

*Das Schloß in Rechnitz um 1930.*

Nach dem österreichisch-ungarischen Ausgleich von 1867 wurden neue Verwaltungsvorschriften erlassen. Kasernen wurden nun am Sitz der Komitatsbehörden gebaut und das Rechnitzer Schloß somit als Militärstation überflüssig.

Da seit 1848 keine Untertanenleistungen mehr zuflossen, begann die Erhaltung des Schlosses für die Batthyánys, deren eigentlicher Hauptsitz Körmend war und die kaum hier wohnten, eine Last zu werden. Daher verkaufte Fürst Gustav Batthyány im Jahr 1871 die Herrschaft Rechnitz an Julius von Szajbeli, Advokat aus der Gegend um Tyrnau.

1906 erwarb der deutsche Großindustrielle Baron Heinrich Thyssen - Bornemisza das Gut. Dessen Tochter Margit heiratete Ivan Batthyány, den Sohn des Fürsten Dr. Ladislaus Batthyány - Strattmann, sodaß Schloß und Gut Rechnitz seither wieder unter dem Namen Batthyány - Strattmann aufscheinen.





## KONFESSIONEN - KIRCHE - KLÖSTER

### Katholiken

Bis zum Ende der Römerzeit ist im Gebiet von Rechnitz von einer Kirchenorganisation fast nichts bekannt, das gilt auch für die Zeit des Frankenreiches. Erst an der Wende vom 8. zum 9. Jahrhundert begannen sich Schwerpunkte herauszubilden. Das Erzbistum Salzburg missionierte hier, um so seinen geistigen Einflußbereich bis zur Raab auszudehnen. Der Ungarnsturm nach 900 beendete diese Ära.

König Stephan, der Heilige, führte um das Jahr 1000 die Magyaren dem Christentum zu und zugleich eine kirchliche Neuordnung durch. Als erstes Bistum gründete er im Jahr 1006 die Diözese Raab in Anlehnung an das Bistum Passau.

Stephan und seine Nachfolger gründeten die sogenannten "Stephanspfarren", Großpfarren, unseren heutigen Dekanaten vergleichbar. Das Gebiet von Rechnitz gehörte damals noch zum Erzbistum Salzburg. Die Adelsgeschlechter des 12. und 13. Jahrhunderts, die Jáker, die Güssinger, die Baumkircher und dann auch die Batthyánys, bauten in ihren Burgen Kapellen. Diese Kapellen wurden - ebenso wie die Untertanen - von einem Geistlichen, dem Burgkaplan, betreut.

Die erwähnten Herrengeschlechter gründeten daneben auch

Klöster und Abteien, die - wie auch die Burggeistlichen - von ihnen abhängig waren, was zu heftigen Kompetenzstreitigkeiten zwischen Bischöfen, Abteien und den adeligen Stiftern führte.

Im 13. Jahrhundert gehörte Rechnitz zu St. Veit, im 14. Jahrhundert wurde es jedoch eine eigene Pfarre. Die späteren Güssinger, die die beiden Ortsteile Deutschmarkt und Ungermarkt vereinigten, dürften bereits auf dem Platz, an dem die heutige katholische Pfarrkirche steht, die Margarethakirche erbaut haben. Ein früherer Friedhof konnte östlich der katholischen Pfarrkirche (heute katholischer Pfarrkindergarten, vorher katholische Knabenschule) lokalisiert werden.

Nach der Übernahme der Herrschaft Rechnitz durch die Familie Batthyány kam es zu großen Einbrüchen und Änderungen in der Kirchenverwaltung. Es begann die Zeit der Reformation, und die Türken belagerten Güns und durchzogen auch das Gebiet von Rechnitz. Schwere Zerstörungen waren die Folge, die Bevölkerungsstruktur und auch die kirchliche Verwaltung veränderten sich zeitweise völlig.

Seit Balthasar II. Batthyány (1569) bekannten sich die Batthyánys zum reformierten Glauben. Doch auch während der Zeit der Reformation erlosch der katholische Glaube in der Bevölkerung nicht vollständig. Die sogenannten "Krypto-Katholiken" wurden öfters von verkleideten Ordenspriestern aufgesucht, die geheim die heilige Messe lasen und die Sakramente spendeten.

Um 1630 trat Adam I. Batthyány in der Wiener Hofburgkapelle zum katholischen Glauben über. Aber erst 1633 wurde der katholischen Kirche ihr früheres Eigentum wieder zurückgegeben. In der Bevölkerung setzte sich der Glaubenswechsel nicht so schnell durch. Wahrscheinlich kehrten zunächst nur die Kroaten zum alten Glauben zurück.

Adam I. Batthyány ließ den Grundsatz "cuius regio, eius religio" ("Wes das Land, des der Glaube") nicht mehr gelten. Es wurde deshalb auch nicht versucht, das Volk zur Rückkehr zum alten Glauben zu zwingen, sondern nur Missionen durchgeführt.

Ein beträchtlicher Teil der Bevölkerung (hauptsächlich Deutschsprachige) blieb der evangelischen Kirche treu. Die erste katholische Pfarre nach der Reformation war 1660 eine "kroatische" Pfarre. Die "deutsche" Pfarre wird erst 1676

*Katholische Pfarrkirche von Rechnitz um 1920.*

erwähnt. Ab 1676 gab es zwei katholische Pfarren in Rechnitz, eine "deutsche" und eine "kroatische": Die zahlenmäßige Mehrheit der Bevölkerung war deutschsprachig, blieb jedoch noch Jahre nach 1630 oder überhaupt evangelisch, während die Kroaten gleich zu Beginn der Gegenreformation zum katholischen Glauben zurückkehrten.

Zusätzlich wurde die Gemeinde Schachendorf, die ebenfalls "kroatisch-katholisch" war, vom Rechnitzer Pfarrer mitbetreut, wodurch die kroatischsprachigen Katholiken klar in der Mehrzahl gegenüber den deutschsprachigen Katholiken waren. Das erklärt, warum die neu ins Leben gerufene Pfarre zunächst eine "kroatische" war. Ihr wurden auch die Ungarn des Ungermarktes zugeteilt.





Als sich dann nach einigen Jahren auch die Zahl der deutschsprachigen Katholiken teils durch Rückkehr zur Kirche, teils durch Zuwanderung wieder vergrößert hatte, wurde für sie eine eigene "deutsche" Pfarre errichtet. Um 1700 lebten in der "deutschen" Pfarre 495 Katholiken und 1032 Protestanten, in der "kroatischen" Pfarre 629 Katholiken und 33 Protestanten.

Bis 1740 gab es in Rechnitz einen deutschsprachigen und einen kroatischsprachigen Pfarrer, jeder hatte auch einen eigenen Pfarrhof. Das Pfarrhaus des "kroatischen" Pfarrers war aus Stein erbaut, hatte Hof und Garten und eine Scheune. Es stand an der Stelle des späteren Pfarrmeierhofes. Der Pfarrer selbst bewirtschaftete etwa 12 Joch Äcker und einen Weingarten zu 15 Hauern. Einen zweiten Weingarten hatte er der Herrschaft abgetreten und erhielt dafür, wie auch der "deutsche" Pfarrer, täglich Brot und Wein. Die Stolagebühren des "kroatischen" Pfarrers waren etwas geringer als die des "deutschen".

Das Pfarrhaus des "deutschen" Pfarrers stand auf dem Marktplatz. Er bezog seine Einkünfte aus Äckern von zwei ganzen Sessionen (ca. 70 Joch), verpachtet an Pfarrangehörige, und einem Weingarten zu 70 Hauern, zu dessen Bearbeitung die Bewohner des Marktes verpflichtet waren.

Weiters gab es ein "deutsches" Schulhaus mit einem "deutschen" Schulmeister und einem kroatischsprachigen Lehrer, wahrscheinlich auch ein "kroatisches" Schulhaus.

Als gemeinsame Kirche benutzten die Angehörigen beider Pfarren nach dem Großbrand von 1644, der die Margarethakirche zerstörte, die Schloßkapelle.

Der für alle Rechnitzer gemeinsame Friedhof lag zwischen

der heutigen Badergasse und der Hochstraße. Im oberen Teil wurden die Protestanten bestattet, im unteren Teil die Katholiken. In der Mitte des Friedhofs stand einst auch eine kleine Kirche (die Bartholomäuskirche), die wahrscheinlich von den Türken im 16. Jahrhundert zerstört worden war. 1779 wurde der heutige evangelische Friedhof angelegt und bis 1836 von Katholiken und Protestanten gemeinsam benutzt. 1836 wurde der heutige katholische Friedhof angelegt, ursprünglich war dies ein Pest- und Cholerafriedhof gewesen. Der bis dahin gemeinsame Friedhof wird seit dieser Zeit nur mehr von den Evangelischen verwendet.





Die heutige katholische Pfarrkirche wurde unter Adam und Christoph Batthyány erbaut und 1679 der Heiligen Katharina geweiht.

Im 18. Jahrhundert schien in Rechnitz die deutsche Sprache so vorrangig geworden sein, daß die "Notwendigkeit " von zwei Pfarren nicht mehr bestanden haben dürfte.

1739 wurde der kroatische Pfarrer als Canonicus nach Raab berufen, 1740 die "kroatische" Pfarre mit der "deutschen" vereinigt.

Die Pfarre führte der "deutsche" Pfarrer, dem ein deutschsprachiger und ein kroatischsprachiger Kaplan zur Seite standen. Doch auch nach der offiziellen Zusammenlegung bestanden beide Pfarren und beide Schulhäuser noch mehrere Jahre weiter. Erst 1812 gab es nur mehr einen Pfarrhof und ein Schulhaus mit einem deutschsprachigen Lehrer.

Nach der Reformation war der erste katholische Pfarrer in Rechnitz Lorenz Jacobi (1654). Pfarrer der "kroatischen" Pfarre waren Michael Prodinsky (1660-1679) und Johann Kethely (1679-1690).

1713 war der Pfarrer der "deutschen" Pfarre Anton Jäger, der kroatischsprachige Pfarrer war Matthias Frankovich. 1757 waren Josef Melissnig und Johann Kasonic die katholischen Pfarrer von Rechnitz.

Im 19. Jahrhundert war Michael Eberl, später Domherr und Rektor des Priesterseminars in Steinamanger, von 1810 bis 1834 Pfarrer in Rechnitz. Ihm folgte Jakob Dirnbeck von 1834 bis 1873, der auch Erzieher bei Graf Christoph Batthyány war.

1886 bis 1907 war Ignatz Nagy katholischer Pfarrer von Rechnitz. In seiner Ära wurde das Rechnitzer Kloster gebaut. Dechant Nagy gründete den katholischen Leseverein, den

*Katholische Mädchenschule (Bild oben)*
*Katholische Knabenschule (Bild unten)*

Verschönerungsverein und den "Sechserlverein" genannten Sparverein.

Im Jahr 1747 stiftete der Rittmeister Adam Hauser die "Todesangst Christi Bruderschaft". Von den Zinsen des Stiftungskapitals (6000 fl.) sollte der Lebensunterhalt für 12 Personen beiderlei Geschlechts bestritten werden. Ferner bestimmte Hauser 3000 fl., deren Zinsen und den Zins einer Mühle von 100 fl., für die Hauskapelle und für den Unterhalt des Pfarrers des Armenhauses. Dieses Armenhaus, bekannt unter "Adam Hauser'sche Stiftung", stand in der heutigen Klostergasse.

In dem Armenhaus wohnte von 1773 bis zu seinem Tod 1779 auch der ungarische Dichter und Schriftsteller Franz Faludi. Faludi wurde 1704 in Güssing geboren, trat in den Jesuitenorden ein und bekleidete dort höhere Lehrämter. Als der Orden 1773 aufgelöst wurde, fand er in Rechnitz Zuflucht und wurde Hofgeistlicher der Batthyánys. Er ist wahrscheinlich in der Gruft der Rechnitzer Pfarrkirche begraben.

Das Armenhaus wurde 1887 vom Orden der "Töchter des göttlichen Erlösers" übernommen. Der Orden eröffnete auch eine Mädchenschule und einen Kindergarten.

Das Jahr 1938 brachte auch im religiösen Leben von Rechnitz große Veränderungen. Die konfessionellen Schulen wurden zu einer allgemeinen öffentlichen Volksschule für Knaben und Mädchen zusammengeschlossen und in den vorhandenen Schulgebäuden untergebracht.

Das Klostergebäude wurde beschlagnahmt, die Ordensschwestern aus dem Kloster gewiesen und das Gebäude zur Unterbringung der Hauptschule (ehemals Bürgerschule) verwendet. Religionsunterricht durfte in den Schulen nicht erteilt werden. Die Gläubigen halfen sich durch Abhaltung von "Erbauungsstunden" außerhalb des Schulunterrichtes. Den Lehrern war der Kantordienst in den katholischen Kirchen verboten.

Die katholischen Pfarrer von Rechnitz standen dem Nationalsozialismus eher skeptisch gegenüber, sodaß die Gestapo schon bald nach der Machtübernahme der Nationalsozialisten versuchte, sie durch Strafsanktionen einzuschüchtern.

So beantragte die Gestapo schon im Oktober 1938 vom erzbischöflichen Ordinariat in Wien die Amtsenthebung und

Versetzung des Rechnitzer Dechants Stefan Ostovich, *"denn er steht dem Nationalsozialismus und den Richtlinien des 3. Reiches derart feindlich gegenüber, daß seine weitere Belassung untragbar geworden ist".* (Zitiert aus einem Schreiben der Gestapo Graz an das erzbischöfliche Ordinariat in Wien betreffend Versetzung des Erzdechanten in Rechnitz, Stefan Ostovich vom 18.10.1938.)

Stefan Ostovich wurde aus Rechnitz ausgewiesen und mit Berufsverbot belegt. Er starb bald darauf in Sauerbrunn. Auch sein Nachfolger Stefan Porits ließ sich von den Nationalsozialisten nicht beeinflussen. Vom Ortsgruppenschulungsleiter wird er als *"gebildeter, schlauer Provinzdiplomat, stets freundlich lächelnd, entgegenkommend, von stiller, aber kirchenfüllender Wirkung"* beschrieben. (Zitiert aus dem Schreiben des Ortsgruppenschulungsleiters an den Direktor der Rechnitzer Hauptschule vom 14. Juli 1940.)

1943 wurde Dechant Porits von der Gestapo verhaftet und nach Graz überführt. Anlaß für die Verhaftung war das Lesen einer Messe für einen verurteilten und hingerichteten Rechnitzer. Nach seiner Freilassung wurde über ihn zunächst ein Seelsorgeverbot, dann ein Ortsverbot verhängt. Bis 1945 war er Pfarrer in Pilgersdorf, nach dem Ende des Nationalsozialismus war er bis zu seinem Ruhestand 1963 wieder Dechant in Rechnitz. Doch nicht nur Priester, auch gläubige Katholiken wurden von den Nationalsozialisten verfolgt.

Als der Pfarrer von Schandorf, Jandrisevits, im Sommer 1938 starb, hielt der Volksschullehrer Wilhelm Gregorich, der den Pfarrer sehr verehrt hatte, an seinem Grab einen Nachruf. Über die Folgen, die ihm dieser Nachruf einbrachte, schreibt er in seinen Erinnerungen:

*"Dies brachte mich anscheinend in Ungnade. Denn eines Tages erhielt ich eine Strafversetzung an die Volksschule Mönchmeierhof."* Dieser Ort war von der Außenwelt völlig abgeschieden. Zwei Jahre später wurde Gregorich wieder an die Volksschule Schandorf zurückversetzt.

> *"Eines Tages kam der Grenzkommandant Schmid zu mir und drückte mir eine Erklärung in die Hand, ich möge doch im Laufe des Vormittages unterschreiben. Darin sollte ich schriftlich erklären, daß ich aus der katholischen Kirche austreten werde. Ich gab ihm das Schriftstück mit der Bemerkung zurück: ´Dies kommt bei mir nicht in Frage´. Diese Antwort und die Tatsache, daß ich mit meinem Kollegen*

*Hotwagner sonntags ostentativ in die Kirche ging, brachte mich in Ungnade." (Zitiert nach Wilhelm Gregorich, "Naziherrschaft und was uns blieb!" 1989: 30ff)*

Als Gregorich es außerdem noch "wagte", für die Familien von Inhaftierten zu spenden, wurde er 1941 gefangengenommen, des Hochverrates angeklagt und zu 10 Jahren Zuchthaus verurteilt. Gemeinsam mit ihm wurde auch sein Kollege, der Volksschullehrer Hotwagner, verurteilt. Hotwagner starb an den Folgen der Haftbedingungen.



## Protestanten

Um die Mitte des 16. Jahrhunderts breitete sich im westungarischen Raum die Reformation aus. Während Franz I. Batthyány noch katholisch war, war seine zweite Frau, Katharina Svetkovic, schon eifrige Lutheranerin. Die Adeligen der Umgebung Peter Erdödy, Nikolaus Zrinyi, Thomas Nádasdy und dessen Sohn waren Protestanten bzw. Förderer des Protestantismus.

Balthasar Batthyány hing zunächst noch dem alten Glauben an. Durch den Einfluß des Hofpredigers Stefan Pathay und Stefan Beythes wandte er sich aber 1569 dem reformierten Glauben zu. Seine Frau, Dora Zrinyi, und Eva Poppel, die Frau seines Sohnes, waren Lutheranerinnen.

Die Männer der Batthyánys waren Anhänger des nationalungarischen reformierten Glaubens (des Calvinismus), die Frauen und die Bevölkerung von Rechnitz hingen Luthers Lehre an.

In den Vorzimmern des Schlosses stritten calvinische und lutherische Geistliche um die rechte Lehre. Allerdings wurden die Unterschiede anfangs nicht so stark betont. So war Stefan Beythe bis zu seinem Tod 1612 gemeinsamer Bischof der Lutheraner und Calviner. Zum offenen Bruch zwischen beiden Konfessionen kam es 1591 im Tschapringer Religionsgespräch: Obwohl Franz Nádasdy beide Richtungen vereinen wollte, trat gerade das Gegenteil ein.

Die erste Nachricht über das Auftauchen des "neuen" Glaubens in Rechnitz gibt es aus dem Jahr 1573.

1573 bis 1585 wirkte in Rechnitz Stefan Pathay, der spätere reformierte Bischof, nach ihm der Flacianer Koloman Rohrer.

1591 war in Rechnitz Kaspar Dragonus lutherischer Prediger. Er war ein hochgebildeter Mann, der auch in kroatischer Sprache gepredigt haben dürfte.

Danach wirkte wieder Stefan Pathay in Rechnitz (1596 und - nun schon als Bischof -1612 bis 1614 ). Gewöhnlich gab es hier zwei evangelische Pfarrer, oft aber auch drei: einen "ungarischen", einen "deutschen" und meist auch einen "kroatischen" (z.B. 1601). Die Pfarrer scheinen aber nicht nur sprachlich, sondern oft auch dogmatisch getrennt vorgegangen zu sein, denn bald war der eine ein Flacianer (eine spezifische Richtung, die die Erbsünde betonte), der andere Lutheraner, ein anderer wiederum Calviner.

Die Pfarrer wechselten sehr häufig, da sie in der Regel nur auf ein Jahr gewählt wurden und, falls sie die Kirchengemeinde vor Ablauf des Jahres nicht neu berufen hatte, sie sich um eine andere Stelle umsehen mußten.Das erklärt auch den Umstand, daß manche Pfarrer nach einer Unterbrechung von mehreren Jahren wieder in Rechnitz wirkten.

*Ansicht der Evangelischen Schule und Kirche. Wie aus der Beschriftung des Fotos hervorgeht, war dies der Sajbély Gyula-Platz.*

Ihre Einkünfte waren relativ hoch: Dem Pfarrer "zinsten" fünf steuertragende Porten (Bauern), auch ausgedehnte Weingärten gehörten zu diesen guten Pfründen.

1613/14 wirkten in Rechnitz der ungarische reformierte Dichter und Bibelübersetzer Albert Szenczi-Molnár, 1613 bis 1618 Jakob Müllner und Johann Vinicsa und 1618 Wolfgang Lang, einer der größten deutschen Prediger von Rechnitz, ein streitbarer Lutheraner, der mit den Calvinern viel disputierte.

Mitten im Aufblühen der evangelischen Kirchengemeinden gab Herzog Ferdinand von Österreich (der spätere Kaiser Ferdinand II.) sein Rekatholisierungsedikt für Bürger und Bauern heraus.

Ein Hort des anderswo schon unterdrückten Protestantismus waren damals die Batthyánys. Evangelische Bauern und Bürger, die ihren Glauben bewahren wollten, flüchteten aus der Steiermark nach Rechnitz, wo sie sich besonders im Deutschmarkt ansiedelten.

Adam Batthyány trat um 1630 zum katholischen Glauben über, bekam dafür die Reichsgrafenwürde und heiratete die katholische Hofdame Anna Formantini-Wittmann. Nach seinem Glaubenswechsel erließ er eine Verordnung, wonach alle lutherischen und calvinischen Prediger, sofern sie nicht zum katholischen Glauben übertraten, innerhalb von 15 Tagen seine Besitzungen zu verlassen hätten. Die Kirchen und Schulen wurden den Protestanten weggenommen und den Katholiken wieder zurückgegeben.

Ein beträchtlicher Teil der deutschsprachigen und ungarischsprachigen Bevölkerung blieb aber auch weiterhin der evangelischen Kirche treu. Die Protestanten erhielten in Rechnitz keine Kirche. 1647 beschwerten sie sich deshalb, daß ihnen der Vizegespan keinen Platz für eine Kirche anwies, obwohl er das laut Gesetz (Augsburger Religionsfriede 1555) hätte tun müssen. Da die Evangelischen im Ort keine Kirche erhielten, kauften sie schließlich im nahen Bozsok (Poschendorf) ein Haus und brachten dort ihren Pfarrer und ihren Lehrer unter. (Klein o.J.: 65)

Die Stolagebühren mußte die evangelische Bevölkerung aber an den katholischen Pfarrer von Rechnitz entrichten. Für die Deutschsprachigen predigte hier in Bozsok Emmerich Godi, für die Kroatischsprachigen Dionys Petrasek. Mit dem "Toleranzedikt" Joseph II. vom 25. Oktober 1781 konnten nunmehr auch die Protestanten nach jahrhundertelanger Unterdrückung und Zurücksetzung ihren Glauben frei ausüben.

1783 erbauten die Rechnitzer und Hodiser Protestanten die heutige evangelische Kirche (vorerst noch ohne Turm). Als erster Pfarrer wirkte Franz Karl Wohlmut aus Ödenburg von 1783 bis 1793 in dieser Pfarre. Er war auch der Gründer der evangelischen Schule. Wohlmut war ein fortschrittlicher Mann, dem Zeitgeist entsprechend Aufklärer und Rationalist, was von der Pfarrgemeinde nicht so recht verstanden wurde.

Die ersten evangelischen Lehrer in Rechnitz waren Gottlieb Berlik (1783) und Wilhelm Ernst Schuhmacher (1787).

Unter Pfarrer Leopold Wohlmuth wurde 1859 der Turm der evangelischen Kirche errichtet, Planer und Erbauer war der Maurermeister Tscherer. Als der bisherige Superintendent Matthias Haubner 1848 wegen seiner Unterstützung der ungarischen Freiheitsbestrebungen verhaftet wurde, war Pfarrer Wohlmuth auch für kurze Zeit Superintendent. Wohlmuth starb 1862.

Sein Nachfolger war Gustav Unger (1862-1898). Unter ihm wurden 1873 das evangelische Pfarrhaus und die Schule erbaut. Ludwig Ziermann (1898-1906) eröffnete hier den evangelischen Kindergarten.

Im 20. Jahrhundert wirkten in Rechnitz die Pfarrer Paul Serengely (1906-1908), Adolf Pummer (1909-1928), Kurt Tepperberg (1934-1957) und Gustav Weichselberger (1958-1977). Seit 1977 ist Ulrich Haas evangelischer Pfarrer in Rechnitz.

1833 lebten in Rechnitz 2022 Katholiken und 1818 Evangelische. Eine Zählung von 1962 ergibt im Vergleich dazu 2655 Katholiken und 705 Evangelische in Rechnitz. Diese Veränderungen sind unter anderem wahrscheinlich auf Zu- und Abwanderungen (auch nach Amerika) zurückzuführen. Auch heute nimmt die evangelische Bevölkerungsanzahl leicht ab.

LITERATUR UND QUELLEN

Gemeindearchiv Rechnitz

Klein, Karl: Beiträge zur Geschichte der Großgemeinde Rechnitz. Gemeindeamt Rechnitz (Hg.), Rechnitz o.J.

Jandrisevits, Peter: Monographie des Marktes und der römisch-katholischen Pfarre Rechnitz, Schandorf 1927

"Naziherrschaft und was uns blieb!": Unabhängiges Antifaschistisches Personenkomitee Burgenland (Hg.), Oberwart 1989
Rechnitz in alten Ansichten: Gemeindeamt Rechnitz (Hg.), Rechnitz 1991
Widerstand und Verfolgung im Burgenland 1934-1945: Dokumentationsarchiv des österreichischen Widerstandes (Hg.), 2. Auflage, Wien 1983

Die Geschichte der jüdischen "Gemeinde" Rechnitz hat einen nachhaltigen Einfluß auf die allgemeine Entwicklung des Ortes Rechnitz ausgeübt.

Heute erinnert - wie auch in anderen österreichischen Gemeinden und Städten - vielfach nur mehr Überliefertes, Gesprochenes, Geschriebenes und in Stein Gehauenes an diese einst blühende Kultur, die viele von uns nicht mehr kennen und viele, sei es aus der Sicht der direkt Betroffenen, sei es aus der Sicht der "Gnade der späten Geburt", vergessen möchten.

Wenn wir davon ausgehen, daß ein "Dorf" unter anderem erst durch "seine" Geschichte "seine" Identität erhält, so ist es unerläßlich, sich bei der Frage nach der heutigen "Identität" auch dieser Wurzeln zu erinnern, sie sichtbar zu machen und zu hinterfragen, weshalb es dazu kommen konnte, daß diese Kultur heute nicht mehr existiert ...

Johann Temmel

# DIE JÜDISCHE GEMEINDE IN RECHNITZ





Wie die Geschichte und Entwicklung des Burgenlandes ist auch die Geschichte von Rechnitz eng verknüpft mit dem burgenländischen Judentum.

Während im Bereich der Esterházyschen Herrschaft die sogenannten "Siebengemeinden" (Eisenstadt/Asch, Mattersdorf, Kobersdorf, Deutschkreutz/Zelem, Lackenbach, Kittsee, Frauenkirchen) entstanden, bildeten sich im Südburgenland unter dem Schutz der Batthyánys die drei "Gemeinden" Rechnitz, Schlaining und Güssing heraus.

Rechnitz war durch viele Jahrhunderte von dem Zusammentreffen verschiedener Kulturen und Traditionen geprägt. Dieser kulturelle Austausch wurde Basis für Verständigung und gegenseitige Bereicherung. Auf die Bedeutung der kulturellen Vielfalt könnte auch das Wappen der Großgemeinde Rechnitz hinweisen.

> *"Auf blauem Schild drei goldene Türme. Der mittlere Turm hat eine Rundtoröffnung; über dem rechten Turm ein goldener Halbmond, über dem linken ein goldener Stern."*
> *(Rechnitz in alten Ansichten 1991: 37)*

*Wappen der Marktgemeinde Rechnitz.*

*Jüdischer Friedhof in Rechnitz, Grabstein.*

Von diesem Wappen sind mehrere Darstellungen auf dem Marktsiegel bekannt, die bis ins 17. Jahrhundert zurückreichen.

Die Wappensymbolik (Dreiturm) ist typisch für Städte- und Märktewappen, sie könnte aber auch eine stilisierte Abbildung des ehemaligen Schlosses bedeuten.

Die Gemeinde wollte im 17. Jahrhundert damit offensichtlich zum Ausdruck bringen, daß sie der Familie Batthyány untertänig war, und daß diese (in ihrem Schloß) sowohl die türkischen Gefangenen als auch die Juden beschützte.

Da die Batthyánys zeitweise mit den Türken gute Beziehungen pflegten und in Rechnitz auch eine bedeutende jüdische Gemeinde existierte, kann man diese Erklärung als sehr wahrscheinlich annehmen.

Das Wappen könnte daher als Zeichen der Vielfalt und der Toleranz verstanden werden.

Die ungarische Magnatenfamilie Batthyány, die das entvölkerte Gebiet mit Kroaten und auch Roma besiedelte, ließ in dem mehrheitlich deutsch-, aber auch kroatisch- und ungarischsprachigen Rechnitz drei Gotteshäuser bauen: eine katholische Kirche, eine protestantische Kirche und einen Judentempel.

Besonders die jüdische Kultur war einst ein wesentlicher Teil der Identität von Rechnitz.

Heute erinnert nur mehr der jüdische Friedhof an eine vergangene blühende Kultur und an den Wert einer jahrhundertealten Tradition. Er ist damit steingewordenes Zeugnis einer einst hier lebenden Minderheit, deren Vernichtung auch zu einem Verlust an kultureller Identität der gesamten Region und ihrer Einwohner führte.

# JÜDISCHES LEBEN IN RECHNITZ

## Die Entstehung der jüdischen "Gemeinde"

Rechnitz dürfte als die älteste Judengemeinde des südlichen Burgenlandes gelten. Die erste urkundliche Erwähnung von Juden in Rechnitz kann aber nicht exakt datiert werden.

Karl Klein und Josef Loibersbeck führen eine Urkunde aus dem Jahre 1419 an, in der Nikolaus Sneyder, Richter von Rechnitz, dem Rat von Ödenburg eine Mitteilung zukommen läßt. Darin scheint auch die Unterschrift des "purgers" (Bürgers) Mendel - vermutlich ein Jude - auf. (Klein o.J.: 17)

Wahrscheinlicher ist jedoch, daß sich die ersten jüdischen Familien nach der Vertreibung der Juden aus der Steiermark (1496) unter Kaiser Maximilian I. im heutigen Südburgenland angesiedelt haben. Im Urbar der Schlaininger Familie Baumkircher werden in ihrer Herrschaft Rechnitz aus der Zeit vor 1527 die beiden jüdischen Familien Spiegel und Grünwald genannt. (Klein 1970: 116)

Die Judensiedlung Rechnitz wird erstmals 1676 mit 37 Familien erwähnt und ist als eine Tochtergründung der großen "Gemeinde" Nagykanizsa zu betrachten. Aber schon 1649 dürfte in Rechnitz ein Bethaus oder eine Synagoge existiert haben, da aus diesem Jahr ein Thoravorhang (Ziervorhang für die Abdeckung der Bundeslade) stammt. (Klein 1970: 116)

Zur Entstehung einer dauerhaften Judengemeinde Rechnitz trugen die Judenausweisungen aus Wien, Nieder- und Oberösterreich im Jahre 1670 bei. Zahlreiche jüdische Familien wurden von den Esterházys und Batthyánys auf deren Besitzungen im heutigen Burgenland angesiedelt.

Als "Schutzjuden" konnten sie sich unter der Grundherrschaft der Batthyánys (1527-1871) in der Folgezeit gut entfalten, nachdem die rechtliche Grundlage für die Ansiedlung von Juden vom König auf die Grundherrschaften übergegangen war.

Obwohl *"Juden als Fremde betrachtet wurden und bestenfalls geduldet waren"* (Baumgartner 1988: 2), waren sie den Grundherren hauptsächlich aus wirtschaftlichen Gründen willkommen.

## Die Bedeutung des Handels

Die Grundherren profitierten vom Bargeld, das viele Juden aufgrund ihrer Berufe besaßen und von den weitläufigen Handelsbeziehungen der jüdischen Händler. Für die Erlaubnis, im Herrschaftsgebiet zu siedeln, mußten die Juden eine Schutztaxe in barer Münze oder in Form schwer beschaffbarer, seltener Waren entrichten.

So zahlten die Rechnitzer Juden im Jahre 1712 einen Teil ihrer Abgaben an den Grafen mit der Lieferung von acht Pfund Pfeffer. (Baumgartner 1988: 2)

Die Grundherren verdienten auch an den Geschäften der jüdischen Händler: So stellte ihnen zum Beispiel Graf Christoph Batthyány Pässe aus, mit denen sie (als Christen verkleidet) mehrmals im Jahr nach Venedig reisten, von wo sie Juwelen und

Kleinode im Werte von vielen tausend Talern nach Innerösterreich einführten, ohne eine Maut oder ein Dreissigst zu zahlen. Nach einer solchen Reise erhielt der Graf dafür jedesmal je 6 Reichstaler. (Klein 1970: 116)

Aus diesen Gründen ist auch der weitreichende Schutz der Batthyánys für ihre jüdischen Händler verständlich. Graf Christoph Batthyány drohte 1686 damit, alle Untertanen der Stadt Ödenburg aus seinem Herrschaftsgebiet zu verbannen, falls seinen "Schutzjuden" der Zutritt zur Stadt weiterhin verweigert würde. (Baumgartner 1988: 3)

Aber auch in der Verwandtschaft der Familie Batthyány wollte man an den Geschäften der "Schutzjuden" profitieren: 1714 ließ Graf Siegmund in Stadtschlaining den Rechnitzer Juden ihre Waren wegnehmen, da sie ohne Erlaubnis des Grafen in Schlaining keinen Handel treiben durften. Auch eine diesbezügliche Intervention der Gräfin Eleonora von Rechnitz hatte keinen Erfolg. So kauften die Juden von Graf Siegmund um jährlich12 Goldstücke das Recht, Handel zu treiben. (Bernstein 1913: 161-208)

Das Haupthandelsgebiet der südburgenländischen Juden war Ungarn. Ihre Handelsreisen führten sie nach Szombathely, ins Komitat Zala und in die Gegend des Balaton. Ab dem 18. Jahrhundert wandten sie sich vermehrt den österreichischen Erblanden zu, wofür sie aber Reisepässe benötigten. Trotz eines solchen Passes war eine Geschäftsreise zur damaligen Zeit eine lebensgefährliche Sache: So reiste der Rechnitzer Jude Samuel Amschel mehrere Male nach Graz, um Waren einzukaufen. Obwohl Inhaber eines Passes, der 1706 ausgestellt worden war, wurde er bei einer solchen Reise an der steirischen Grenze erschlagen. (Klein 1970: 117)

Mit ein Grund für das Wohlwollen, das den Juden von den Grundherrschaften bei ihrer Ansiedelung entgegengebracht wurde, war auch die Tatsache, daß sich in ihren Reihen viele Handwerker mit speziellen Fähigkeiten befanden. Darüber hinaus war ein Großteil der Juden des Lesens, Schreibens und Rechnens kundig. Von der Ausübung vieler Handwerksberufe waren die Juden allerdings ausgeschlossen. Bis 1848 konnten sie auch keinen Meistertitel erwerben. (Baumgartner 1988: 4)

## Der Schutzbrief

Die rechtliche Basis für die Siedlungs- und

Aufenthaltserlaubnis der Juden waren die Schutzbriefe der Grundherrschaft. Das erste diesbezügliche Privileg im Burgenland war das der Familie Batthyány für die Rechnitzer Juden aus dem Jahre 1687. In dem in deutscher Sprache abgefaßten Schutzbrief beruft sich Graf Adam II. Batthyány auf einen Vergleich der Juden mit seinem Vater Christoph vom Jahre 1673.

Hier werden die bisherigen Freiheiten der Juden erneut aufgezählt und bestätigt, *"bei welchem allen wir sie und die Ihrigen zu schutzen und zu schirmen versprechen"*:



- Jede "Parthey" hat jährlich sechs fl. (Gulden) Schutzgeld zu entrichten,
- *"damit außerhalb ihrer kein fremder Jud in unserer Herrschaft mit den Christen handeln und ihren Juden einigen Eintrag thun darf, sollen sie 20 fl. jährlich ohne der vorhin bedachten sechs der ganzen Gemeinde bezahlen."* Wenn fremde Juden in die Herrschaft kommen, dürfen diese mit den Juden *"Waar um Waar"* handeln, nicht aber mit den Christen, - die Juden dürfen sich einmal im Jahr einen Richter und Geschworene wählen, bei großen Verbrechen behält sich die Herrschaft Urteil und Strafe vor.
- Wenn ein Jude Schulden macht, soll kein anderer dafür behelligt werden.
- Die Herrschaft behält sich das Bestimmungsrecht darüber vor, ob und wann sich neue Juden niederlassen dürfen. Wenn aber von einem bekannt ist, daß er *"untüchtig und mehr uns zu schaden als zu nutzen wäre"*, so muß dies gemeldet werden.
- Sie dürfen mit sämtlichen Waren *"Handel und Wandel"* betreiben. Was das *"Aushacken des Fleisches"* (Anm.: ein in Rechnitz noch heute gebräuchlicher Begriff für Tierschlachtung) anbelangt, bleibt es bei dem Vertrag vom 15. Juni 1673 (Anm.: Gegen einen jährlichen Zins von 40 Gulden dürfen die Juden selbst Lämmer, Kälber und Ziegen schlachten, um ihre rituellen Speisevorschriften einhalten zu können).
- In allen Batthyányschen Herrschaften und Gütern sind die Juden von der Maut befreit..
- Kirchen und Schulen können sie ungehindert "halten", auch auf ihrem Friedhof ihre Toten begraben. (Langeder 1946: 26f)

Dieser Schutz mußte allerdings von den Juden durch eine Vielzahl an Steuern erkauft werden. Durch die Zahlung des Schutzgeldes erwarben sie aber auch einige Autonomie und Rechte der Selbstverwaltung. So konnten sie kleinere Vergehen innerhalb ihrer "Gemeinde" bestrafen und Klagen von Christen gegen Juden in erster Instanz behandeln.

Unter der ständigen Steuererhöhung litten auch die Rechnitzer Juden sehr. Zusätzlich hatten sie noch viele andere Abgaben zu entrichten. Neben den jährlich umfangreichen Neujahrsgeschenken an die Herrschaft und ihre Beamten mußten sie in die Kriegskasse einzahlen, Toleranztaxe (-steuer) leisten und dem Grundherrn abliefern. Auch an den Markt- und Kleinrichter, den Zunftmeister, den Pfarrer und den christlichen Lehrer hatten sie Steuern zu zahlen. Zusätzlich mußten sie ihren eigenen Rabbiner, die Lehrer und andere Angestellte der "Gemeinde" erhalten.





## Die "Judenpolizei"

Am 28. August 1732 wurde unter dem Titel "Judenpolizei" eine Verordnung der Gräfin Eleonora Batthyány in Kraft gesetzt. Dieses Dokument ist ein in deutscher Sprache abgefaßter 55 Seiten starker Foliant, in dem das Verhältnis der Grundherrschaft zur jüdischen Gemeinde geregelt wurde:

Die Verordnung, die das Innenleben der "Gemeinde" regeln sollte, umfaßt sehr viele unterschiedliche Bestimmungen, beginnend vom Recht zur Ansiedlung, über die Besteuerung, den Handel, Glaubensangelegenheiten, sogar bis hin zu Vorschriften für das Privatleben. Sie besteht aus 104 Punkten. Ziel der Verordnung war es, die Steuern und sonstige Abgaben, die der Grundherr von den Juden zu bekommen hatte, bestmöglich einzutreiben.

So heißt es beispielsweise, daß kein Jude ohne die Erlaubnis der Grundherrschaft Rechnitz verlassen oder nach Rechnitz zuziehen dürfte. (Für die Erlaubnis waren Abgaben an die Herrschaft zu entrichten.)

Weiters wird die Steuerpflicht der Gemeindemitglieder an ihre Gemeinde geregelt, den Juden wird das Kegelspiel verboten und das Kartenspiel nur an bestimmten Feiertagen erlaubt.

In der Verordnung gibt es auch Vorschriften bezüglich der Bekleidung, vor allem für die Frauen. Dadurch sollten Neid und Mißgunst der christlichen Frauen hintangehalten werden.

Weiters gibt es Bestimmungen zur Wahl der Gemeindeführung. Nach diesen durfte beispielsweise der Richter sein Amt nicht länger als drei Jahre hindurch ausüben und wurden Geschworene mittels Zensuswahlrecht gewählt. Für diese Positionen waren nicht nur materielle Verhältnisse (Zugehörigkeit zur mittleren oder oberen Steuerklasse) ausschlaggebend, sondern auch der Bildungsstand (*"muß leserlich schreiben können"* ). Die Wahl mußte vom Grundherrn bestätigt werden, der auch das Vetorecht hatte und statt der gewählten Personen andere ernennen konnte.

1737 wurde die Verordnung noch weiter erläutert und einige Punkte genauer geregelt. Erwähnenswert ist vielleicht auch Punkt 9 der Verordnung, der eine eher unbekannte und eigenartige Strafe festsetzt: *"Die Schuldigen werden auch die Sau reiten müssen."*





Es ist sehr wahrscheinlich, daß dies im wahrsten Sinne des Wortes zu verstehen war. So werden möglicherweise auch mittelalterliche Bilder verständlich, auf denen Juden auf Schweinen (gelegentlich auch auf Ziegen) reitend, dargestellt werden. (Bernstein 1913: 161-208)

## BLÜTE UND VERFALL DER JÜDISCHEN GEMEINDE

### Rechnitz als bedeutendes Zentrum jüdischer Kultur

Trotz der hohen Steuern und der zahlreichen Abgaben kam die Judengemeinde Rechnitz durch die weitreichenden Handelsbeziehungen einiger ihrer Mitglieder zu bescheidenem Wohlstand.

Allerdings waren die Rechnitzer Juden aufgrund ihrer primären Erwerbsquelle (Handel) besonders von den herrschenden politischen und wirtschaftlichen Verhältnissen abhängig. Zum Teil mußten sie auch empfindliche Geschäftseinbußen bei Kriegen und Epidemien (Cholera, Pest) hinnehmen.

Zu Beginn des 18. Jahrhunderts war auch Rechnitz vom antihabsburgischen Kuruzzenaufstand (1704-1709) betroffen. Da die Kuruzzen im Oberwarter Raum lagerten und von hier aus zahlreiche Plünderungszüge in die benachbarte Steiermark unternahmen, wurde dieses Gebiet gleichzeitig zum Ziel von Vergeltungsmaßnahmen seitens der kaiserlichen Truppen.

Im Jänner 1704 besetzte eine Kuruzzenabteilung Rechnitz. Einige Juden flüchteten nach Schlaining oder Güssing, die meisten blieben aber in Rechnitz. Obwohl ein Befehl des Fürsten Rákoczy (II.) dahingehend lautete, daß alle jene, *"die zum Schaden der*

*Nation sind"* wie Juden, Deutsche und Italiener, ausgewiesen werden müßten, gab man den hiesigen Juden dennoch einen Schutzbrief. Trotzdem kam es zur Plünderung von 36 Häusern und Geschäften. Zusätzlich wurden die Juden von den Kuruzzen erpreßt. Auch von den kaiserlichen Truppen blieben sie nicht verschont. (Klein 1970: 117)

Aufgrund der schwierigen finanziellen Situation baten die Rechnitzer Juden beim Hof um die Bewilligung eines Moratoriums (Zahlungsaufschub) zur Abzahlung ihrer Geschäftsschulden von 12.000 - 13.000 fl. zu einem geringeren Zinssatz bis zum Ende des Krieges. Dieses wurde ihnen aufgrund der Fürsprache der Grundherrin Eleonora Batthyány im Dezember 1706 von König Josef I. zugestanden. (Klein 1970: 117)

Neben dem Kuruzzenaufstand hatte die Gemeinde in diesen Jahren auch unter der Pest zu leiden.

Trotz dieser Ereignisse entwickelte sich Rechnitz im 18. Jahrhundert zu einer der bedeutendsten Städte des Komitats Vas (Komitat ist die Bezeichnung für einen ungarischen Verwaltungsbezirk).

Die jüdische "Gemeinde" von Rechnitz spielte auch im Leben der Juden des Komitats eine führende Rolle.

Rechnitz wurde zum Zentrum der Juden des Komitats Vas. Hier hatten auch der Komitatsjudenrichter und der Obereinnehmer ihren Sitz, weil die Rechnitzer Juden die meisten Steuern zahlten und ihre Gemeinde die reichste im Komitat war. (Bernstein 1913: 161-208)

1718 baute die Judengemeinde in Rechnitz einen großen Tempel, und viele ihrer steuerzahlenden Mitglieder aus entfernteren Orten kamen zu den hohen Festtagen hierher.

Die genaue Anzahl der jüdischen Bewohner von Rechnitz läßt sich im 18. und beginnenden 19. Jahrhundert sehr schwer feststellen, da die Quellen abwechselnd von "Familien" und "Häusern" sprechen, aber keine Einwohnerzahlen nennen. 1712/13 wurden 92 jüdische Familien gezählt. Karl Klein schließt deshalb auf ca. 400 jüdische Einwohner. (Klein 1970: 117)

1715 lebten in 38 Häusern Juden, 1720 sollen bereits in 66 Häusern Juden gewohnt haben. (Bernstein 1913: 161-208)

1727 wurden 157 jüdische Familien erfaßt. 58 Familien lebten allerdings nicht direkt in Rechnitz, sondern wurden nur hinsichtlich des Rabbinats und der Steuern hierher gezählt. (Romirer 1991: 17)

Diese Zahl konnte auch in der Mitte des 18. Jahrhunderts gehalten werden: Langeder gibt für 1742 200 jüdische "Partheyen" an. 1757 wird erstmals ein jüdischer Arzt erwähnt. (Langeder 1946: 53)

Im Maria Theresianischen Urbar von 1767 gibt es unter den insgesamt 436 Bauern 47 Juden, was einen Anteil von 11 Prozent darstellt. (Loibersbeck 1969)

Den Aufzeichnungen zufolge kann auf weitere Berufe geschlossen werden, die Juden zu dieser Zeit ausgeübt haben: Kaufleute und Händler, Kürschner, Schneider, Fleischhauer und Schulmeister.

1779/80 lebten in Rechnitz 498 Juden. Im Vergleich zu den Untertanenleistungen der anderen hatten sie allerdings deutlich höhere Abgaben zu leisten. (Loibersbeck 1955)

1841 erreichte die jüdische Bevölkerung in Rechnitz ihren zahlenmäßigen Höchststand. In dieser Zeit (1846) hatte Rechnitz insgesamt die meisten Einwohner.

Nach 1850 erlebte Rechnitz allerdings größere wirtschaftliche Rückschläge, und die Zahl der jüdischen Bürger nahm durch Abwanderung stark ab. 1900 lebten hier nur mehr 311 Juden, und 1934 waren es 170. (Rechnitz in alten Ansichten 1991: 75)

## Bürgerliche Gleichstellung

Die traditionelle Lebensform der Juden in ihren abgesonderten Gemeinden gelangte im ausgehenden 18. Jahrhundert in Konflikt mit Bestrebungen, sie stärker in den Untertanenverband des Staates, in Gesellschaft und Wirtschaft zu integrieren. 1783 erließ Josef II. ein Patent für die Juden Ungarns, das die jahrhundertelange Diskriminierung langsam zu beseitigen suchte. Juden wurden nun zu allen Berufen zugelassen und konnten als Handwerker in die Zünfte eintreten.

> *"Diese Bemühungen , die auf die rechtliche Gleichstellung der Juden abzielten, stießen sowohl bei Teilen der Bevölkerung und des Staatsapparates, aber auch bei Teilen der Judenschaft auf vielerlei Widerstände." (Baumgartner 1988: 13)*

Um die Einordnung in Staat und Gesellschaft zu erleichtern, verlangte das assimilationswillige Reformjudentum die teilweise Aufgabe der strengen Ritualgesetze.

Die große Bedeutung der jüdischen Gemeinde in Rechnitz zeigt auch die Tatsache, daß 1791 hier eine Versammlung der ungarischen Rabbiner stattfand. Dabei wurde über die Erteilung der

Bürgerrechte an Juden diskutiert, womit allerdings der Militärdienst verbunden gewesen wäre. Die versammelten Rabbiner sprachen sich dagegen aus. (Baumgartner 1988: 14)

Ohne Erweiterung ihrer Rechte wurde der Militärdienst für die männliche jüdische Bevölkerung 1807 schließlich trotzdem eingeführt.

Der Gesetzesartikel XXIX von 1840 war ein weiterer Schritt in Richtung Assimilation und Emanzipation. Unter anderem kam es zur Aufhebung der Erwerbs- und Aufenthaltsbeschränkungen, die zu einer Abwanderung der Juden in die größeren Städte führte.

Mit der Änderung der rechtlichen und politischen Situation nach 1848 - es gab keine "Schutzjuden" mehr - ging schließlich auch die Spaltung der ungarischen Judengemeinden in das liberale Reformjudentum und das orthodoxe Judentum einher. (Baumgartner 1988: 16)

Die jüdische Gemeinde Rechnitz löste sich als einzige aus dem Verband der orthodoxen, westungarischen Judengemeinden und schloß sich dem Reformjudentum an.

In der Liturgie der Synagoge wurde sogar die deutsche Sprache eingeführt. (Baumgartner 1988: 16)

Ab 1860 konnten Juden Grundstücke nun auch käuflich erwerben, wahlberechtigt waren sie allerdings noch nicht. Erst 1867 kam es zur vollen bürgerlichen Gleichstellung, und 1895 wurde das Judentum den anderen Konfessionen gleichgestellt, d.h. es wurde als Staatsreligion anerkannt und erhielt auch staatliche Förderung.

In der ersten Hälfte des 19. Jahrhunderts ist eine deutliche Vermehrung der jüdischen Bevölkerung zu verzeichnen, was wohl im Zusammenhang mit den günstigen wirtschaftlichen Lebensverhältnissen steht. Rechnitz war zu einem wichtigen geistigen Zentrum des Reformjudentums aus dem ganzen westungarischen Raum geworden. Während im 18. Jahrhundert zwischen 400 und 500 Juden in Rechnitz erwähnt wurden, zählte man im Jahre 1830 789 Personen mosaischen Glaubens. 1841 waren es 916 jüdische Personen, was einem Anteil von 21 Prozent an der gesamten Wohnbevölkerung (4349 Einwohner) entsprach. Neben 2330 Katholiken lebten in dieser Zeit auch 1103 Evangelische in Rechnitz. (Rechnitz in alten Ansichten: 75)

Eine im Schloß Rechnitz untergebrachte Militärgarnison begünstigte Handel und Gewerbe. Es gab Gast- und Geschäftshäuser in jüdischem Besitz, und ein Großteil der Kaufleute waren Juden.

Auch am öffentlichen Vereins- und Wirtschaftsleben nahmen sie teil. (Romirer 1991: 23f)

Im Zuge der Industrialisierung wurden die Juden als Unternehmer und Geldgeber zur treibenden Kraft in der Region. Sie waren im Vorstand der 1873 gegründeten Rechnitzer Sparkasse durch namhafte Persönlichkeiten vertreten. Der Direktor der israelitischen Schule, Joachim Heitler, war Aufsichtsratsmitglied.

Ein Großteil der Aktien, die beim Ausbau der Eisenbahnlinie ausgegeben worden waren, wurden von Juden erworben.





Auch bei Betriebsgründungen hatten die Juden einen wesentlichen Anteil. Der Rechnitzer Tuchweber und Wollwarenfabrikant Putsch gründete in Pinkafeld eine Firma, in der bereits im ausgehenden 19. Jahrhundert eine Dampfmaschine mit einer Leistung von 100 PS eingesetzt wurde.

Konserven mit diversen Suppen der "Ersten österreichisch-ungarischen Fabrik für Einbrennsuppen nach Bogdany Art", Inhaberin war Fanny Bogdany, wurden auch ins Ausland exportiert. (Baumgartner 1988: 19)

Um die Jahrhundertwende war dieser Betrieb mit mehr als 20 Beschäftigten wahrscheinlich der größte in Rechnitz.

Mit Abzug der Militärgarnison verschlechterte sich die wirtschaftliche Situation, sodaß viele Juden nach Übersee oder in die Großstädte Szombathely, Wien und Budapest zogen. Die Rechnitzer Judengemeinde hatte sich bis zum Jahre 1880 beinahe halbiert (479 Personen) und zählte im Jahre 1900 nur mehr 311 Mitglieder.

Trotzdem gab es in diesem Jahr noch 89 Handelsbetriebe, die ausschließlich von Juden geführt wurden. (Rechnitz in alten Ansichten 1991: 53)

Bei der Angliederung des Burgenlandes an Österreich im Jahre 1921 blieben die benachbarten größeren Städte Westungarns bei Ungarn. Deshalb konzentrierte sich nun die Abwanderung der Juden verstärkt auf die österreichische Hauptstadt. Die jüdische Schule mußte wegen zu geringer Schülerzahl schließen. Aus finanziellen Gründen konnte kein Rabbiner bestellt werden.

Die Volkszählung von 1923 weist für Rechnitz 145 Juden aus, von denen nur 60 Mitglieder Steuern zahlten. Um 1929 wurden die Nachbargemeinden Markt Neuhodis, Weiden, Pilgersdorf, Bernstein und Lockenhaus von der Kultusgemeinde Rechnitz mitbetreut.

In den 30er Jahren verschlechterten sich auch für Rechnitz die wirtschaftlichen Verhältnisse zusehends. Wenige fanden hier eine Arbeit, die geringe Arbeitslosenunterstützung ließ die Unzufriedenheit wachsen. Von den jüdischen Geschäftsleuten in Rechnitz hatten allerdings viele Verständnis dafür, wenn *"... die Arbeiterfrauen ... die Lebensmittel und Kleidungsstücke nicht immer bar bezahlen konnten und gaben sich zufrieden, wenn sie oft nur kleine Anzahlungen leisteten und den Rest später abstatteten ..."* (Klein 1970: 118).

Mittlerweile hatte die Zahl der jüdischen Mitbürger aber drastisch abgenommen, sodaß 1934 nur noch 170 Juden (4,5 Prozent der Gesamtbevölkerung) in Rechnitz ansässig waren. (Romirer 1991: 26)

Die bereits drohende Gefahr des Nationalsozialismus wurde nur von einer jüdischen Geschäftsfamilie ernstgenommen. Julius Margareten verkaufte seine florierende Schnittwarenhandlung in der Rechnitzer Herrengasse und emigrierte 1936 mit seiner Schwester in die USA.



## Das Ende der jüdischen Gemeinde Rechnitz - Die Zeit des Nationalsozialismus

In Rechnitz gab es eine der ersten illegalen NS-Ortsgruppen des Burgenlandes. Nach einem Gendarmeriebericht vom 1. Dezember 1927 wurde bereits Anfang September 1927 eine Ortsgruppe der "Hitler-Bewegung", die der Gauleitung Niederösterreichs in Krems unterstellt war, gegründet. (Naziherrschaft und was uns blieb! 1989: 4)

Bereits vor 1938 kam es hier auch zu Übergriffen von illegalen Nationalsozialisten.

So marschierten 1934 uniformierte SA-Männer auf der Straße und schrien: "Hitler erwache! Dollfuß zerkrache!"; es gab Schmieraktionen mit Hakenkreuzen an jüdischen Häusern und anderen Gebäuden.

Für die Juden in unserem Land begannen die unmenschlichsten Verfolgungsmaßnahmen in ihrer jahrhundertealten Geschichte. Schon am 26. März 1938, wenige Tage nach der Okkupation Österreichs durch Hitlerdeutschland (13. März), wurde über die Bezirkshauptmannschaften angeordnet, alle Juden listenmäßig zu erfassen und Vermögensnachweise zu erstellen.

Die Vertreibung der Juden begann mit dem Boykott der jüdischen Geschäfte. Die Läden und Betriebslokale der Juden wurden mit der Aufschrift "Jüdisches Geschäft" versehen und davor SA-Männer postiert. (Widerstand und Verfolgung im Burgenland 1983: 294f)

Die Dorfbewohner wurden aufgefordert, nicht in jüdischen Geschäften einzukaufen.

Vertrauensleute der NSDAP wurden in den jüdischen Verkaufsläden eingesetzt, die zuerst den Geschäftsgang kontrollierten und später das Lokal übernahmen. Teilweise wurden die Waren an die Dorfbewohner verschleudert oder versteigert.





Rechnitzer Juden mußten Straßen kehren und niedrige Arbeiten verrichten. Des öfteren wurden sie auch zum Verhör geführt und jüdische Männer in der Gendarmeriekaserne eingesperrt. Nur vereinzelt hatte jemand die Courage, ihnen zu helfen.

*"Die ´Resl Mam´ trug oft in der Nacht in der Schürze dem Herrn Günsberger ein Essen nach. ´Ich gehe´, hat sie gesagt, ´weil bei den Leuten hab ich mein Leben lang mein Brot verdienen können und jetzt soll ich zuschauen wie der Hunger leidet´!" (Interview mit einer Rechnitzer Zeitzeugin 1992)*

Da die Juden den Ausweisungsbefehlen aus Mangel an Ausreisemöglichkeit nicht nachkommen konnten (viele flüchteten nach Wien), versuchte man die direkte Vertreibung, indem man die Juden einfach über die grüne Grenze trieb.

Mitte April 1938 wurden die noch verbliebenen Rechnitzer Juden zusammengetrieben, auf Autobusse verladen und in Richtung Jugoslawien abtransportiert. Ihr Besitz mußte zurückbleiben, pro Person durften nur 20 Reichsmark mitgenommen werden.

So wurden am 8. bzw. 12. April 43 Juden aus Rechnitz, unter ihnen Heinrich Frankl und seine Frau, Hugo Fellner, Frieda Fellner und drei minderjährige Kinder, zunächst nach Minihof-Liebau und dann nach Bonisdorf an die jugoslawische Grenze gebracht. Von den jugoslawischen Grenzern nicht eingelassen (die Reisepässe wurden ihnen vorher abgenommen), hausten sie wochenlang in einer Scheune im Niemandsland zwischen beiden Staaten. Im Juni 1938 gelang es endlich internationalen und jüdisch-amerikanischen Wohltätigkeitsorganisationen, für die Rechnitzer Juden in Kroatien Asyl zu bekommen. (Widerstand und Verfolgung im Burgenland 1983: 315, Romirer 1991: 28)

Den burgenländischen Juden wurde eine Frist gesetzt, innerhalb der sie ihre Heimat zu verlassen hatten. Viele, die die

Ausreiseangelegenheiten hier nicht erledigen konnten, flüchteten nach Wien, um von dort ihre Auswanderung zu betreiben.

Diese Abwanderung nach Wien wurde gestattet. In Rechnitz wurde nur noch dem jüdischen Arzt, Dr. Graner, erlaubt, bis zum Sommer 1938 in Rechnitz zu bleiben. Dann mußte auch er Österreich verlassen. Er konnte sich nach Amerika retten. (Klein 1970: 119, Romirer 1991: 120f)

Der letzte Kantor der Kultusgemeinde Rechnitz, Josef Glück, wurde eines Nachts abgeholt und nach Dachau gebracht, wo er ermordet wurde. Seine Frau wurde zusammen mit anderen Juden nach Jugoslawien verschleppt. (Klein 1970: 119)

Im Oktober 1938 erstattete die Israelitische Kultusgemeinde an Eichmann die Meldung, wonach im Burgenland keine jüdische Gemeinde mehr bestand. Im Dezember 1938 berichtete die "Grenzland-Zeitung", daß die Juden aus dem Burgenland ´abgewandert wären´. (Widerstand und Verfolgung im Burgenland 1983: 297) Die Kultusgemeinde Rechnitz dürfte allerdings bereits früher aufgelöst worden sein, da ein Fragebogen, der von der Israelitischen Gemeinde Wien am 17. Mai 1938 an sämtliche Judengemeinden des Burgenlandes ergangen war, für Rechnitz als unzustellbar zurückgesandt wurde. (Widerstand und Verfolgung im Burgenland 1983: 314)

Der letzte Präsident der jüdischen Kultusgemeinde in Rechnitz war Heinrich Frankl, Vizepräsident Max Fellner. Die Mitglieder des letzten Kultusvorstandes waren Viktor Engel, Dr. Hugo Graner, Adalbert Spiegler, Josef Stern, Samuel Weiß und Moritz Kertész. Die Tempelvorsteher waren Alexander und Adolf Holzer.

Der zurückgebliebene Besitz der ausgewiesenen Juden wurde um geringe Geldbeträge an Gefolgsleute der NSDAP weitergegeben.

Vom Schicksal der nach Jugoslawien ausgewiesenen Juden ist nichts Konkretes bekannt. Viele von ihnen wurden nach dem Einmarsch Hitlers in Jugoslawien ermordet, nur wenigen gelang die Flucht nach Palästina, China oder in die USA. (Klein 1970: 119)

Die in Wien ohne jede Ausreisemöglichkeit lebenden Rechnitzer Juden wurden von der Gestapo in Konzentrationslager oder in osteuropäische Ghettos deportiert, wo sie nur geringe Überlebenschancen hatten.

Das Vermögen der aufgelösten Kultusgemeinde wurde von der politischen Gemeinde Rechnitz übernommen, der Tempel zu einer

Jugendherberge umgebaut, die Schule in einen Kindergarten umfunktioniert, und die Kantorwohnung wurde eine Mutterberatungsstelle. Der Rechnitzer Friedhof wurde des öfteren geplündert. (Romirer 1991: 27ff)

Von den Nürnberger Rassengesetzen waren auch die Partner von Mischehen und deren Kinder betroffen.

In Rechnitz galt das für die Familie von Drössler-Weiß. Um den Verfolgungsmaßnahmen der Nazis zu entgehen, nahm Betti Drössler-Weiß sogar katholischen Religionsunterricht und ließ sich taufen. Sie wurde im April 1938 nicht aus Rechnitz deportiert.





Am 5. September ging die Familie noch mit anderen Rechnitzern nach Mariazell wallfahrten.

*"Aber bei einer Parteiversammlung, wo die Nationalsozialisten voller Stolz erklärten, daß Rechnitz ´judenfrei´ ist, ist einer aufgestanden und hat verkündet: ´Nein, wir sind nicht judenfrei. Einer ist noch da!´ Er hat die Drössler-Weiß Betti gemeint." (Interview mit einem Rechnitzer Zeitzeugen 1992)*

Im November 1938 wurde der Familie befohlen, Rechnitz innerhalb von drei Tagen zu verlassen. Ihren Hausrat durften sie auf einem Lastwagen mitnehmen, alles andere wurde enteignet.

Zu den erschütterndsten Ereignissen in Rechnitz während der Naziherrschaft gehört die Erschießung von jüdischen Zwangsarbeitern im März 1945, wenige Tage vor Kriegsende.

Die ungarisch-jüdischen Zwangsarbeiter waren1944 beim Bau der Befestigungsanlagen um Budapest eingesetzt worden und kamen von dort in langen Fußmärschen und bei schlechter Versorgung an die österreichische Grenze zum Bau des "Ostwalles". Viele starben nicht nur an Typhus, Erschöpfung und Hunger, sondern auch durch SA und Volkssturmleute, die den Zug bewachten.

Am 24. März wurden etwa 200 Arbeitsuntaugliche nach Rechnitz zum "Kreuzstadl" des Schweizermeierhofes des Gutes Battyhány gebracht. Während eines Festes der Parteiführer im Schloß Rechnitz stellte der Ortsgruppenleiter Podezin in der Nacht ein Erschießungskommando von 14 bis 15 Personen aus dem Kreis der Festgäste zusammen und verteilte die erforderliche Munition. Nach dem Massenmord an den jüdischen Zwangsarbeitern beim "Kreuzstadl" kehrten die Täter zu den Festgästen zurück. Eine Gruppe von 30 bis 40 weiteren jüdischen Zwangsarbeitern mußte die Leichen begraben. Am darauffolgenden Abend wurden diese Zwangsarbeiter in die Nähe des Schlachthauses der Gemeinde Rechnitz gebracht und dort erschossen, *"ein Teil von ihnen vielleicht auch erschlagen, da bei einer am 22. 3. 1946 erfolgten stichprobenweisen Exhumierung an einem Schädel eine Zertrümmerung festgestellt wurde, die nicht bei der Ausgrabung entstanden sein konnte, weil die Bruchränder alt waren"*. (Widerstand und Verfolgung im Burgenland 1983: 336 ff)

1948 wurde der Prozeß gegen die Mörder aufgenommen. Sämtliche Zeugen bestritten die Angaben, die in einer Voruntersuchung gemacht worden waren, und entlasteten damit die Angeklagten. Kronzeuge Karl Muhr wurde am Tag vor seiner Einvernahme ermordet. Die Urteile fielen sehr milde aus. (Romirer 1991: 30)

*Der "Kreuzstadl" in Rechnitz.*

In einem Plädoyer des Staatsanwaltes Dr. Mayer-Maly heißt es:

> *"Es sei überraschend, welch schlechtes Erinnerungsvermögen einzelne Zeugen hätten. Es sei seine Überzeugung, daß die wahren Täter heute noch in Rechnitz frei umherlaufen, und es mag sein, daß manche Zeugen nichts zu sagen hatten, weil sie fürchteten, das Schicksal jenes Kronzeugen Karl Muhr zu teilen, der am Tag vor seiner Einvernahme ermordet wurde." (Freies Burgenland 1948/29: 3)*

Bis heute konnte, obwohl mehrmals Probegrabungen durchgeführt worden sind, das Massengrab nicht gefunden werden. 1991 wurde den Opfern im Schloßpark der Gemeinde Rechnitz ein Denkmal gesetzt.

## Die Zeit nach dem Zweiten Weltkrieg

Nach dem Krieg kamen nur wenige Rechnitzer Juden zurück, um ihren durch die Wiedergutmachungsgesetze rückerstatteten Besitz zu verkaufen und daraufhin Rechnitz für immer zu verlassen. Viele ehemalige jüdische Besitzer konnten nicht mehr eruiert werden.



In den Konzentrations- und Vernichtungslagern der Nazis kamen auch Rechnitzer Juden um.



Diejenigen, die in ein sicheres Land flüchten konnten, wollten nicht mehr in ihre alte Heimat zurückkehren, wollten nicht mehr mit den alten Erinnerungen leben. Einige wenige haben es trotzdem probiert, doch nur eine Familie hat es geschafft.

Leo Blau war der erste Jude, der mit seiner Mutter nach dem Krieg nach Rechnitz zurückkam und hier das Engel-Geschäft weiterführte. Während der nationalsozialistischen Zeit lebte er in Shanghai, seine Mutter in Israel. Auf ihrer Flucht heiratete seine Schwester Theresia in Jugoslawien einen Juden namens Rechnitzer, lebte dann in Israel und kehrte nach einigen Jahren nach Rechnitz zurück. Nach dem Tode der Mutter (1953) und des Bruders (1959) führte Theresia Rechnitzer das Geschäft weiter. Wie schon in den 30er Jahren spielte sie auch in den 50er Jahren beim Rechnitzer Kirchenchor die Violine. Sie starb am 21. August 1984 und wurde am Zentralfriedhof in Wien begraben.

Heute gibt es keinen einzigen Rechnitzer mosaischen Glaubens. Einige vertriebene Juden stehen noch mit Bekannten aus Rechnitz in Briefkontakt oder besuchen gelegentlich den Ort ihrer Geburt. Die jüdische Gemeinde Rechnitz gehört aber schon längst der Vergangenheit an.

# JÜDISCHER GLAUBE - JÜDISCHE TRADITION

## Synagoge

Bereits 1649 muß es in Rechnitz einen Tempel oder zumindest ein Bethaus mit einer Bundeslade gegeben haben, da aus diesem Jahr ein Ziervorhang für die Abdeckung der Bundeslade

(Thoravorhang) stammt. (Klein 1970: 116)

Trotz finanzieller Einbußen infolge der Kuruzzenkriege waren die Rechnitzer Juden 1707 in der Lage, die bereits früher von den Batthyánys erbaute Synagoge um 500 Gulden zu erwerben. (Langeder 1946: 79)

1718 wurde eine größere Synagoge, ein barocker Neubau mit 400 Sitzplätzen, errichtet. Unterstützung erhielten die Rechnitzer Juden vom ungarischen Landesoberrabbiner Samson Wertheimer, der einer der wichtigsten Finanziers von Kaiser Josef I. war. (Häusler 1980: 83)

Dieser Tempel war Ausdruck der verhältnismäßig günstigen politischen und sozialen Verhältnisse, in denen die Juden von Rechnitz lebten.

Beeindruckend an diesem Tempel war vor allem seine örtliche Lage:

> *"Es ist daher auch ungemein bedeutsam, daß der große Rechnitzer Tempel im Jahre 1718 freistehend auf einem Hügel errichtet werden durfte, nicht durch Vorbauten dem Auge der Welt entzogen und noch dazu, natürlich in entsprechender Entfernung, gegenüber der katholischen Kirche.*
>
> *Das war in Rechnitz im Jahre 1718 möglich, während in Wien noch im Jahre 1826 der Tempel in der Seitenstettengasse, ein Prachtwerk kunstvoller Bauart, seine Fassade vor der Außenwelt peinlich verstecken mußte und von der Straße aus gesehen nur den Eindruck eines nüchternen Zinshauses machen durfte. Hundert Jahre später hielt man in Wien noch nicht, wo man in Rechnitz 1718 hielt!" (Jüdische Presse 1922/37/38: 221ff)*

Obwohl die katholischen Geistlichen beim Gutsherrn Einwand dagegen erhoben, daß der Synagoge durch diese Äußerlichkeit derselbe Rang wie der Kirche eingeräumt wurde, gestattete Graf Batthyány den Bau.

Der Tempel war mit wertvollen religiösen Kultgegenständen ausgestattet. So werden drei antike Kelche angeführt, Thorenkronen aus Silber und eine Reihe handgearbeiteter Bundesladenvorhänge.

1834 entstand eine neue, erweiterte Synagoge in Form eines hohen, rechteckigen Saalgebäudes mit einem mächtigen Sattel- oder Walmdach. Im Inneren befanden sich an drei Seiten (Frauen-) Galerien. 1864 wurde dieser Tempel renoviert. (Romirer 1991: 34)

Während des Novemberpogroms 1938 wurde die Inneneinrichtung des Judentempels zerstört. Künstlerisch und historisch wertvolle Kultgegenstände konnten jedoch noch rechtzeitig nach Eisenstadt ins Landesmuseum gebracht werden. Von dort kamen sie nach Wien und Prag.

Heute befinden sich nur noch eine Gedenktafel aus dem 19. Jahrhundert und ein Thoravorhang von 1770 im Österreichischen Jüdischen Museum in Eisenstadt. (Romirer 1991: 35)

Die Synagoge selbst wurde in der NS-Zeit in eine Jugendherberge umgebaut, nach dem Krieg zu einem Feuerwehrhaus umfunktioniert und im erweiterten Stockwerk Privatwohnungen eingerichtet. Am Gebäude wurde von der Marktgemeinde Rechnitz im Jahre 1990 eine Gedenktafel angebracht.

*Gedenktafel in Rechnitz, angebracht 1990.*

*Synagoge, Schul- und Rabbinerhaus in Rechnitz, 30er Jahre.*



## Rabbiner

Der erste Rechnitzer Rabbiner, von dem wir heute noch Kenntnis haben, war Jahuda Löb, der am Ende des 17. Jahrhunderts in Rechnitz gewirkt hat. (Bernstein 1913: 161-208)

Rabbiner waren innerhalb der jüdischen Gemeinde nicht nur mit richterlicher Gewalt ausgestattet und wachten über die Einhaltung der religiösen Vorschriften, sondern wurden gelegentlich auch von Andersgläubigen um Rat befragt.

In der Mitte des 18. Jahrhunderts war Jehuda Löb Stassov Rabbiner in Rechnitz. Er wurde verdächtigt, ein Anhänger des Sabbatai Chevi zu sein, der sich als Messias ausgab. Um diesem Vorwurf zu entgehen, verfluchte Jehuda Löb Stassov in der Synagoge seine Feinde und alle jene, die Anhänger dieses Sabbatai Chevi waren. Seine Gegner zeigten ihn aber beim Grundherrn an, sodaß Stassov gezwungen war, aus Rechnitz zu fliehen. Er starb 1767 und wurde von seinen Freunden in großen Ehren in Rechnitz begraben, seine Feinde aber bewarfen seinen Sarg und auch sein Grab mit Steinen. (Bernstein 1913: 161-208)

Erst unter seinem Nachfolger Rabbi Elázár Kalir, der einer der bedeutendsten jüdischen Theologen seiner Zeit war, kehrte wieder Friede ein.

In der zweiten Hälfte des 18. Jahrhunderts erlangte die jüdische "Gemeinde" Rechnitz einen derart bedeutenden Ruf, daß international bekannte Rabbiner und Gelehrte nach Rechnitz kamen. Der bedeutendste unter ihnen war der erwähnte Elázár Kalir (auch Eleazar Kalir). Er war Rabbiner in Amsterdam und Berlin, entschied sich aber - trotz einer Berufung nach Dessau - für Rechnitz, wo er von 1768 bis 1778 wirkte und eine große Schule leitete. Kalir gab einige Bände der Talmuderklärungen heraus und hinterließ ein umfangreiches Werk. (Baumgartner 1988: 11f)

Von 1858 bis 1869 wirkte in Rechnitz Rabbiner Meier Zipser, eine führende Persönlichkeit des Reformjudentums. Er war auch schriftstellerisch tätig und schrieb unter anderem eine Geschichte der ungarischen Juden. (Klein 1970: 118)

Nach dem Ableben des letzten Rabbiners Mor Ehrlich folgte 1919 Dr. Winkler. Ab 1923 konnte aus finanziellen Gründen kein Rabbiner mehr nachbestellt werden. Die Geschäfte der Gemeinde wurden bis 1938 von Kantor Glück geführt, der von den Nationalsozialisten in Dachau ermordet wurde.

## Schule

Im Schutzbrief von 1687 wurde der jüdischen "Gemeinde" erlaubt, eine eigene Schule zu führen. Und bereits 1683 werden, im Rahmen eines Testamentsvergleiches, der Schulmeister und Judenrichter Salomon Wolf sowie zwei weitere Schulmeister angeführt. (Klein 1970: 116)

Im Jahre 1727 erwarben die Juden ein an den Tempel angrenzendes Grundstück samt Gebäude, wo sie ihren Rabbiner und die jüdische Schule unterbringen konnten. (Klein 1970: 117)

1736 gab es in Rechnitz vier jüdische Lehrer, 1774 sogar sechs. (Bernstein 1913: 161-208)

Die israelitische Schule wurde 1847 von Direktor Salomon Pollak eingerichtet und hatte zwei weitere Lehrkräfte. In den Quellen wird auch eine Mädchenschule erwähnt, die allerdings 1858 aufgelöst wurde. Die ersten drei Klassen wurden 1864 von 50 Knaben und 42 Mädchen besucht. (Loibersbeck 1969/1970/1)

1900 konnte mit staatlicher Unterstützung eine Schule mit zwei Lehrzimmern errichtet werden. Joachim Heitler (1870-1917) war der bekannteste Leiter der jüdischen Volksschule. 1914 besuchten nur mehr 39 Schüler die fünf Schulklassen. Der letzte jüdische Lehrer von Rechnitz, Fessler, wanderte 1920 nach Innerungarn aus.

In der Folge unterrichtete die katholische Lehrerin Margarethe Kraxner, 1923 mußte die Schule wegen zu geringer Schülerzahlen geschlossen werden. Danach wurde eine öffentliche Knabenbürgerschule in der gemieteten jüdischen Volksschule und im ebenfalls gemieteten jüdischen Gasthaus Frankl eingerichtet. Nach 1930 wurde diese Schule als katholische Hauptschule für Knaben und Mädchen weitergeführt. (Loibersbeck 1969/1970/2)

Die jüdischen Kinder besuchten nun die katholische oder evangelische Volksschule (auch an Samstagen), vom Religionsunterricht waren sie befreit. Im alten Schulgebäude neben der Synagoge unterrichtete Kantor Glück die Kinder im jüdischen Glauben. Während der NS-Zeit wurde die Schule zu einem Kindergarten umfunktioniert und nach dem Krieg fand sie als öffentliche Volksschule Verwendung. Heute ist das Gebäude verwahrlost.

*Ehemalige jüdische Volksschule in Rechnitz.*

## Friedhof

1682 wurde in Rechnitz ein eigener jüdischer Friedhof angelegt. Im Schutzbrief von 1687 wurde den Rechnitzer Juden das bereits bestehende Recht, ihre Toten auf einem umschlossenen Friedhof zu begraben, erneut bestätigt. Im Laufe der Zeit erwies sich dieser Friedhof jedoch als zu klein und wurde daher mehrmals durch Grundankauf vergrößert. Der letzte Grundankauf fand im Jahre 1827 statt, im gleichen Jahr wurde auch das ganze Friedhofsgelände mit einer Steinmauer umzäunt. (Bernstein 1913: 161-208)

Das war auch notwendig, denn bereits aus dem Jahre 1720 wird von einem Vorfall berichtet, wonach andersgläubige Bewohner von Rechnitz den Friedhof verwüstet und ihre Kühe auf den Friedhof getrieben hätten. Ein diesbezüglicher Protest hatte zur Folge, daß Gräfin Eleonora Batthyány über die Übeltäter eine Strafe von vier Gulden verhängte. (Bernstein 1913: 161-208)

Der Judenfriedhof wurde wahrscheinlich wegen der wertvollen Grabsteine des öfteren geplündert. Auch in der NS-Zeit kam es mehrfach zu Plünderungen und Zerstörungen.

1988 wurde der Friedhof instandgesetzt. Bedauerlicherweise gibt es aber auch aus jüngster Zeit Berichte über Grabschändungen. Mitte November 1990 wurden von unbekannten Tätern 60 Grabsteine umgeworfen.

Heute legt der ca. ein Hektar große, mauerumfriedete, jüdische Friedhof am Westende des Ortes Zeugnis ab für die lange, traditionsreiche Geschichte des Judentums in Rechnitz.





## JÜDISCHE KULTUR - JÜDISCHE RITEN - JÜDISCHE BRÄUCHE

Die besondere geistige und kulturelle Stellung der Rechnitzer Judengemeinde in früheren Jahrhunderten zeigt sich in der Vielfalt der religiösen Kultgegenstände und in wertvollen Handschriften.

1777 entstand eine illustrierte Handschrift, ein auf Pergament geschriebenes Mohelbuch (eine Schrift, die sich mit der rituellen Beschneidung beschäftigt). Das Buch stammt von einem unbekannten Schreiber und Illustrator und befindet sich in privatem Besitz in Israel.

Eine Haftara-Rolle (Haftara bedeutet Propheten-Abschnitt) aus dem 18. Jahrhundert, ebenfalls das Werk eines anonymen Künstlers, ist seit 1944 verschollen. (Scheiber 1970: 121)

Aus dem Jahr 1833 stammt das Titelblatt eines Erinnerungsbuches mit Darstellungen aus dem Leben der Kultusgemeinde Rechnitz. In zehn Bildern wird der Lebenszyklus eines jüdischen Mannes dargestellt: Geburt, Beschneidung, Schule, Bar Mizwa (Feier der Religionsmündigkeit), Hochzeit, Krankheit, Todesstunde, Leichenzug, Begräbnis, Auferstehung der Toten. (Lohrmann 1982: 386)

*Bild mit alttestamentarischen jüdischen Darstellungen*

Das soziale und kulturelle Leben in der jüdischen Gemeinde war oft in Vereinsform organisiert. In Ermangelung jeglicher Art sozialer Absicherung des einzelnen war es besonders unter den Juden üblich, daß wohlhabendere Mitglieder der Gemeinde durch Stiftungen oder Vereinsgründungen für die in Not Geratenen sorgten.

1746 wurde in Rechnitz die "Chewra Kadischa" (fromme Bruderschaft zur Bestattung der Toten) gegründet. Durch die von der Kultusgemeinde vorgeschriebenen Mitgliedsbeiträge konnte den materiell minderbemittelt Verstorbenen ein Begräbnis nach jüdischem Ritus ermöglicht werden. Ihre Statuten regelten auch die Hilfe für Arme und Durchreisende. Der Verein betrieb auch ein Spital, um mittellose Kranke ohne hohe Gebühren zu pflegen und zu heilen. (Bernstein 1913: 161-208)

Philipp Rechnitzer, ein 1847 verstorbener Jude, stiftete 5.000 Gulden. Der Ertrag aus den Zinsen war an Juden und Christen zu verteilen: in Form von Brennholz für arme Juden und Geld für jüdische und christliche Arme, für Tempel, jüdische Schule, katholische und evangelische Kirche. Die Verwaltung des Kapitals und die Zuteilung der Zinsen war der Herrschaft übertragen worden. Ab 1875 wurde das Kapital auf der Sparkasse verwahrt und von der Marktgemeinde verwaltet. Aus dieser Hinterlassenschaft konnten noch 1917 die letzten Zinserträge verteilt werden, bevor das Kapital entwertet wurde. (Klein 1970: 118)

Bis zum Ende des 19. Jahrhunderts gab es in Rechnitz eine eigene Mazzesbäckerei. Die Mazzes (ungesäuerte Brote) wurden zum Passahfest gegessen und auch an Nichtjuden (Freunde, Nachbarn) verschenkt.

Jüdische Frauen nahmen im rituellen Badhaus, auch "Mikwah" genannt, die nach den Glaubensvorschriften festgelegten rituellen Waschungen vor.

Die Juden durften nur gemäß den Glaubensvorschriften geschlachtete und zubereitete Tiere wie Rind, Schaf, Geflügel zu sich nehmen. Dafür gab es eigens einen Schächter, der die rituelle Schlachtung entsprechend den jüdischen Ritualgesetzen vornahm: Dem Tier mußte mit einem einzigen Schnitt die Kehle durchtrennt werden, damit es sofort tot war. Dann erst war das Fleisch für die Juden "koscher" und konnte verzehrt werden. Unreines Fleisch wurde in Rechnitz als "treffig" bezeichnet.

Am Sabbath (Samstag) hatten die Juden ihren religiösen Ruhetag. An diesem Tag durften sie keiner Arbeit nachgehen, und sogar einfache Tätigkeiten, wie Einheizen oder Licht anzünden, nicht durchführen. Durch die notwendige Anpassung an die Mehrheitsbevölkerung waren die jüdischen Geschäfte aber auch samstags geöffnet.

Der "lange Tag", wie man in Rechnitz zum Sabbath oder Schabes noch sagte, "ging" am Vortag bei Sonnenuntergang "ein" und endete am Samstag abend bei Sonnenuntergang. Die Helfer, die man für die Hausarbeit am Sabbath hatte, nannte man manchmal "Schabbesgoj" (die Bezeichnung "goj" steht für Nichtjuden).

Jüdische Hochzeiten und Begräbnisse verliefen ähnlich wie bei den Christen, und es nahmen auch Andersgläubige daran teil. Der Verstorbene wurde in einen Sarg (eine Kiste mit rohen Brettern) gelegt. Auf den Augenlidern hatte er Tonscherben. Auf das Grab legte man keine Blumen, sondern kleine Steine. Die Familienangehörigen mußten dann "Taka-Sitzen", d.h. den Toten betrauern, fasten und durften nicht unter die Leute gehen.

Erwähnenswert ist auch die "Judenkapelle Stern", die von Mitgliedern der jüdischen Familie Stern in der Mitte des 19. Jahrhunderts gegründet wurde. Sie spielte bei den großen Feierlichkeiten der Gemeinde Rechnitz und konzertierte im letzten Jahrzehnt des 19. Jahrhunderts unter Samuel Stern im nahegelegenen Kurort Bad Tatzmannsdorf. Darüber hinaus ist auch eine Konzerttätigkeit bis nach Inner-Ungarn und Jugoslawien bekannt. (Brunner 1988: 20ff)

Die Judengemeinde Rechnitz brachte einige Persönlichkeiten hervor, die im öffentlichen Leben der politischen Gemeinde Rechnitz eine bedeutende Rolle spielten und weit über Rechnitz hinaus bekannt wurden. Dazu gehörten die bereits erwähnten Rechnitzer Rabbiner.

Joachim Heitler war der bekannteste Direktor der israelitischen Schule in Rechnitz (1870 -1917). Er war aber auch ständiger Mitarbeiter des in Szombathely erschienenen Deutschen Volksblattes und im Aufsichtsrat der ältesten Rechnitzer Sparkasse. Heitler schrieb auch die Sage "Vom öden Schloß", die in Druck erschien. (Romirer 1991: 38)

Kaum bekannt ist, daß der Schöpfer des berühmten "Wiener Fiakerliedes", Gustav Pick, ein Rechnitzer war. Er wurde am 10. Dezember 1832 in Rechnitz, Schloßberggasse 2 (heute

Gasthof Cserer) geboren und verstarb am 29. April 1921 in Wien. Heute erinnert eine Gedenktafel am Geburtshaus an Gustav Pick.

Obwohl mosaischen Glaubens, stiftete er einen Geldbetrag für die Renovierung des Klosters.

*Gustav Pick, Texter und Komponist des berühmten "Wiener Fiakerliedes".*

Auch der Nobelpreisträger für Medizin im Jahre 1915, Barány Robert, wurde wahrscheinlich 1877 in Rechnitz geboren. Er studierte in Wien und wanderte später in die USA aus. (Privatarchiv Mandl)

In vielen Rechnitzer Vereinen taucht immer wieder der Name Günsberger auf. Der Inhaber einer Gemischtwaren-, Eisenwaren-, Landesprodukten- und Baumaterialienhandlung, war in vielen Rechnitzer Vereinen tätig. Er war der Gründer des Rechnitzer Sportvereines (1931) und auch im Vorstand der Rechnitzer Sparkasse tätig. (Privatarchiv Mandl)

Gute Erinnerungen haben heute noch viele Rechnitzer an den praktischen Arzt Dr. Hugo Graner, der 1938 vor den Nationalsozialisten flüchten mußte. Er behandelte viele Rechnitzer unentgeltlich und verzichtete oft auf die Bezahlung der Schulden.

## VOM ZUSAMMENLEBEN VON JUDEN UND CHRISTEN IN RECHNITZ





Das Zusammenleben von Menschen beinhaltet auch immer das Element der Auseinandersetzung, der Diskussion und des Konflikts. Vor allem das Zusammentreffen verschiedener Ethnien, Sprachen, Konfessionen, sozialer Schichten und verschiedener Weltanschauungen, von Minderheiten und Mehrheiten, auf relativ kleinem Raum verstärkt das mögliche Konfliktpotential.

Auch in Rechnitz kam es immer wieder zu Auseinandersetzungen und Streitigkeiten zwischen der christlichen Bevölkerungsmehrheit und der jüdischen Minderheit. Dabei ging es meist um erworbene Rechte der Juden, vereinzelt kam es sogar zu handgreiflichen Übergriffen der Christen.

Zu heftigen Auseinandersetzungen mit den Katholiken des Ortes kam es 1718, als diese gegen die Errichtung der Synagoge in unmittelbarer Nähe ihrer Kirche protestierten. Mit Hilfe der Grundherrschaft konnte sich die jüdische Gemeinde damals durchsetzen, allerdings führte dies zu einer Verschlechterung der Beziehungen zwischen Juden und Christen im Ort.

So beklagten sich die Juden 1720 bei ihrer Schutzherrin Eleonore Batthyány, daß die Synagoge mit Steinen beworfen und die Gräber auf dem Friedhof zertrampelt worden seien. Als während eines Brandes Juden zu Hilfe eilten, wozu sie verpflichtet waren, hätte man ihnen *"... die Köpfe eingeschlagen, auch unterschiedlich mit Hacken gehackt"*.
(Langeder 1946: 79)

1717 hatte Gräfin Eleonore Batthyány ihrer Judenschaft Weisung erteilt, die christlichen Feiertage einzuhalten. Daß sich die Juden offensichtlich nicht immer daran hielten, geht aus oftmaligen Klagen von christlichen Kaufleuten hervor. (Langeder 1946: 49)

Hinter diesen häufigen Klagen könnte aber auch die Taktik vermutet werden, unliebsame Konkurrenten zu schädigen bzw. loszuwerden. Es gab nämlich immer wieder Streit mit christlichen Handwerkern und Händlern, obwohl die Juden freien Handel treiben durften.

Im Jahre 1717 wurde jüdischen Witwen das bis dahin den Knopfmachern vorbehaltene Privileg, Borten zu sticken, eingeräumt. Nach dem Tod von Eleonore Batthyány wollten die andersgläubigen Rechnitzer den jüdischen Witwen dieses Recht streitig machen, wogegen die jüdische Gemeinde aber bei Graf Ludwig protestierte und im Jahre 1742 Recht bekam. (Bernstein 1913: 161-208)

Auseinandersetzungen gab es auch bezüglich der Preisgestaltung im Tuchmacherbereich. 1723 wurden Juden beschuldigt, ihre Waren billig einzukaufen und sehr teuer wieder zu verkaufen. "Preistreiberei" wurde daraufhin von der Grundherrschaft unter drakonische Strafe gestellt. (Bernstein 1913: 161-208)

1797 beklagte sich wiederum eine arme jüdische Witwe bei der Herrschaft, daß man ihre Ziegen am Weideplatz abgeschossen hätte. (Langeder 1946: 81f)

Es war für die übrigen Kleinviehhalter ein großes Ärgernis, daß auch die Juden ihr Vieh auf der öffentlichen Gemeindewiese halten durften.

Zwischen Juden- und Christengemeinde gab es auch Zwistigkeiten bezüglich der Leistung von Gemeindesteuern. 1820 wurde in einem Vertrag beschlossen: ´Da die Juden teils wegen ihrer Religionsgesetze, teils wegen ihrer Handelsangelegenheiten sowohl die Einquartierung als auch verschiedene andere Lasten nicht abstatten können, übernehmen die Christen die Einquartierung des Militärs, das Vorspannen (der Pferde), Botengänge, Lieferungsfuhren, Straßenreparaturen und andere zufällige Gemeindelasten. Dafür verpflichtet sich die Judengemeinde, jährlich 500 Gulden zu zahlen´. (Langeder 1946: 82f)

Das Zusammenleben zwischen Rechnitzer Juden und Christen war aber nicht immer konfliktbeladen. Es muß auch berücksichtigt werden, daß es eher Auseinandersetzungen, Spannungen sind, die uns von Chronisten überliefert werden, und nicht das alltägliche "gute" Zusammenleben.

Stellvertretend für die Gemeinsamkeiten der jüdischen und

andersgläubigen Rechnitzer können vielleicht folgende Erinnerungen stehen, die aus Interviews mit Zeitzeugen stammen.

*Die Judengasse von Rechnitz um 1910 (Bild oben).*
*Die Judengasse 1992 (Bild unten).*

## ... letzte Erinnerungen

Ausschnitte aus Interviews mit Rechnitzer Zeitzeugen und einem jüdischen Emigranten, der 1938 aus Rechnitz fliehen mußte:

*"Die Rechnitzer Juden lebten bevorzugt am Hauptplatz, in der Herren-, Juden- und Klostergasse. Juden und Christen wohnten nebeneinander; es gab zum Teil sehr innige Nachbarschaftsbeziehungen.*
*Vor allem die Kinder kannten beim Spielen auf der Straße keinen Unterschied. Neugierig wie Kinder halt sind, gingen sie auch öfters in die Synagoge, besonders zu feierlichen Anlässen. Wenn sie kein 'Kappl' von den Judenbuben bekommen haben, haben sie sich ein Taschentuch auf den Kopf gegeben oder nur eine Hand.*
*Bei einer Hochzeitsfeier gingen auch die andersgläubigen Erwachsenen (Nachbarn oder Bekannte) zum Gottesdienst in den Tempel und zum anschließenden Festmahl mit."*

*"Sehr nahe gekommen sind sich Juden und Christen auf den verschiedenen Tanzunterhaltungen der Rechnitzer Vereine. Juden waren ja in diese Vereine integriert und häufig im Vorstand vertreten. Dominierend waren sie im Verschönerungsverein, der das Freibad bauen ließ.*
*Zwischen 'Judenmädeln' und 'Christenburschen' kam es zu innigen Beziehungen, in einer Zeit, wo eine Ehe zwischen Katholiken und Evangelischen nicht üblich war.*
*Kinder, die aus solchen Beziehungen hervorgegangen sind, trugen den Namen der Mutter und wuchsen ohne Vater auf. Zu einer Eheschließung kam es nur ein einziges Mal."*

*"Fast jede jüdische Familie hat sich eine Haushaltshilfe, besonders zu Schabbes, genommen, damit sie zumindest teilweise ihre Glaubensvorschriften erfüllen und ihren Geschäften nachgehen konnte. Die Christenmädchen und Christenfrauen sind diesem Angebot gerne nachgekommen, da sie mit Zucker oder anderen Lebensmitteln belohnt wurden."*

*"Es hat auch sehr viele Wanderhändler gegeben: Holzer, Fleischner, Weiss, Angelus. Mit ihrem Bauchladen sind sie durch die Ortschaften marschiert und haben Strumpfbänder, Gummi, Zündhölzer ... verkauft. Die haben nur von dem gelebt.*
*Von den drei praktischen Ärzten waren zwei Juden, Dr. Graner und Dr.*

*Grünfeld, weshalb nach ihrer Vertreibung die ärztliche Versorgung sehr schlecht war. Nach dem Krieg hat es nur mehr zwei oder drei Lebensmittelgeschäfte gegeben. Eines von diesen führte der zurückgekommene Blau."*

In den 30er Jahren gab es in Rechnitz drei jüdische Großhandlungen. Die meisten Juden verdienten sich ihren Unterhalt als kleine Kaufleute und Händler. In dieser Zeit leben noch 34 Familien davon, obwohl es 1934 insgesamt nur mehr an die 170 Juden in Rechnitz gab. Auch zwei Gasthäuser waren in jüdischem Besitz.

*Hotel und Kaffeehaus Spiegler, heute Gasthaus Cserer.*

# Jüdische Geschäftsleute und Gewerbetreibende in den 30er Jahren

## Großhandlungen:

Steiner Sophie — Günser Straße 4
Gemischt- und Baumaterialienhandlung

Spiegler Adalbert — Herrengasse 6
Gemischtwaren-, Baumaterialien- und Landesproduktenhandlung

Fellner Leo Max — Herrengasse 24
Gemischtwaren-, Eisenwaren-, Landesprodukten- und Baumaterialienhandlung

## Greißler/Gemischtwarenhandlungen/Gasthäuser:

Adler Mathilde — Herrengasse 35
Lederhandlung

Fellner Hugo — Judengasse 31
Schnittwarengeschäft

Weiß Friedrich — Judengasse 10
Gemischtwarenhandlung

Spiegel Wilhelm — Herrengasse 16
Schnittwarengeschäft

Spiegel Emil — Hauptplatz 20
Trafik

Breuer Eduard — Klostergasse 17
Federnhändler

Spitzer Leo — Herrengasse 31
Fellehändler

Holzer David — Herrengasse 16
Fellehändler

Holzer Samuel — Kirchengasse 6
Marktfahrer

| | |
|---|---|
| Holzer Ludwig<br>Gemischtwarenhandlung | Badergasse 36 |
| Holzer Samuel<br>Sodawassererzeugungsgewerbe und<br>Fuhrwerksgewerbe | Anzengrubergasse 3 |
| Holzer Adolf<br>Schnapsagent | Klostergasse 17 |
| Holzer Adolf<br>Händler | Klostergasse 15 |
| Benau Moritz<br>Lederhändler, Lederhandlung | Judengasse 16 |
| Engel Viktor<br>Gemischtwarenhandlung | Hauptplatz 6 |
| Hirschler Karoline<br>Eisenhandlung | Hauptplatz 13 |
| Spiegel Gottlieb<br>Gemischtwarenhandlung | Hauptplatz 20 |
| Spiegel Sophie<br>Benzinverkaufsstelle | Hauptplatz 21 |
| Hirschl Martin<br>Gemischtwarenhandlung | Klostergasse 12 |
| Kertesz Moritz<br>Badeanstalt und Spenglereigeschäft | Herrengasse 57 a |
| Rosenberger Marton<br>Schuhmachergeschäft | Hochstraße 43 |
| Mayer Katherina<br>Schnittwarengeschäft | Hauptplatz 12 |
| Spiegler Mathilde<br>Gasthaus (heute Gasthaus Cserer) | Bahnhofstraße 1 |
| Graner Emilie<br>Gemischtwarenhandlung | Hochstraße 4 |

| | |
|---|---|
| **Margareten Julius**<br>**Schnittwarenhandlung** | **Herrengasse 7** |
| **Ing. Nadai Alexander**<br>**Tonkino** | **Wien 13** |
| **Pollak Sidonia**<br>**Schloßmühle (gepachtet)** | |
| **Stern Josef**<br>**Photographengewerbe** | **Klostergasse 7** |
| **Spielmann Fanny**<br>**Gemischtwarengeschäft** | **Herrengasse 18** |
| **Frankl Heinrich**<br>**Gast- und Kaffeehaus** | **Judengasse 31** |
| **Schönwald Philipp Franz**<br>**Schnittwarenhandlung** | **Hauptplatz 17** |
| **Schreiner Leopold**<br>**Schnitt- und Gemischtwarengeschäft** | **Herrengasse 14** |
| **Steuer Samuel**<br>**Pferdehändler** | **Herrengasse 39** |
| **Weiß Alexander Simon**<br>**Gerberei** | **Mühlbachgasse 11** |
| **Eisenstädter Mary**<br>**Lederhandlung, Lebensmittelgeschäft** | |
| **Arnstein**<br>**Textilien** | |

## RECHNITZ UND DIE ROMA

### Die Bedeutung des Schutzbriefes von Christoph Batthyány

Auch die Geschichte der burgenländischen Roma (Zigeuner) ist mit der Geschichte von Rechnitz verknüpft.

Seit dem 15. Jahrhundert wanderten verschiedene Gruppen von "Zigeunernomaden" aus dem Osten ins heutige

Burgenland ein. Als gute Schmiede (für kriegswichtige Rüstungsarbeiten), Musiker oder Soldaten waren sie den Landesfürsten fast unentbehrlich geworden. Unter Christoph Batthyány entstanden deshalb 1664 und 1674 im heutigen Südburgenland eine Reihe von "Zigeunersiedlungen".

Erwähnenswert ist eine Urkunde aus dem Jahr 1674, die in Rechnitz ausgestellt wurde. Graf Christoph Batthyány erteilt darin dem Zigeunerwoiwoden Mártony Sárközi und dessen Sippe die Erlaubnis, auf Batthyánischen Besitzungen im Komitat Vas mit ihren Zelten frei umherzuziehen und ihren Beruf frei auszuüben. In dieser Urkunde wurde auch festgelegt, daß sie alljährlich am Aschermittwoch ihre Steuern zu bezahlen hätten.





### Schutzbrief der Zigeuner aus dem Jahre 1674

**Wir, Graf Christof Batthyány, Erbherr der Burg Güssing, ... geben bekannt, ... daß der Woiwode Martin Sárközi, der diesen Brief vorzeigt, und die zu ihm gehörigen Zigeuner nirgends eine feste Residenz haben und gezwungen sind - um das Leben zu erhalten und sich zu ernähren und ihr Handwerk auszuüben - mitsamt ihren Zelten hin und her zu ziehen. Damit diesen Elendigen weder unterwegs noch an anderen Orten nirgends durch irgendwelche beamtete Menschen Kränkung widerfährt, bitten und ermahnen wir jedermann, die oben Genannten und alle, die es angeht, daß sie den genannten Woiwoden Martin Sárközi und die dazugehörenden zeltbewohnenden Zigeuner weder in ihrem Besitz noch in ihrer Person kränken, noch ihnen durch andere Leid zufügen lassen und sie in keiner Weise zu Diensten anhalten. Niemand soll sie zwingen, sie sollen vielmehr überall, wo sie umherziehen, ihren Beruf frei ausüben. ...**
**Exhibent restitut. Rechnitz, am 15. Feber 1674**
**Graf Christof Batthyány m.p.L.S**
**(Archiv der Pfarrgemeinde HB Oberwart, im übersetzten Wortlaut)**

## Die Verfolgung der ´Zigeuner´ - Die Zeit des Nationalsozialismus

In der Zwischenkriegszeit verdienten sich die Roma u.a. als Musiker, Korb- und Sesselflechter, Scherenschleifer und Schmiede ihren Unterhalt. Viele Roma waren Taglöhner auf Gutshöfen, auch bei der Rechnitzer Herrschaft.

Unter dem nationalsozialistischen Regime wurden neben den (burgenländischen) Juden vor allem auch die (burgenländischen) "Zigeuner" besonders rigoros verfolgt.

Im August 1938 hatte Tobias Portschy, SA-Führer, NSDAP-Gauleiter und kurzzeitiger "Landeshauptmann" des Burgenlandes, eine "Denkschrift" veröffentlicht, in der er die sogenannte "Lösung der Zigeunerfrage" propagierte.

*"Aus volksgesundheitlichen Gründen und weil die Zigeuner nachgewiesenermaßen erheblich belastet ... sind ... muß man vorerst an die Verhinderung ihrer Vermehrung gehen und die Lebenden im Rahmen eines Arbeitslagers einer gestrengen Arbeitspflicht unterwerfen, dabei ihnen aber die freiwillige Auswanderung ins Ausland eingeräumt lassen."* (Portschy 1938: 23)





Tatsächlich starben viele (burgenländische) Roma in solchen "Arbeitslagern" (z.B. Lackenbach im Burgenland) oder kamen in Konzentrationslagern um. Von den 8.000 bis 11.000 österreichischen Roma und Sinti dürfte ungefähr die Hälfte dem Dritten Reich zum Opfer gefallen sein. Von den burgenländischen Roma kehrten nur sehr wenige in ihre Heimat zurück, noch heute leben Roma sehr oft in Siedlungen am Rande der Ortschaften, "am Rande der Gesellschaft".

Auch Rechnitz war von diesen Geschehnissen betroffen, da hier viele Roma als Taglöhner arbeiteten.

In der Karwoche 1943 wurden alle Roma aus der Umgebung von Rechnitz abtransportiert. Pokomandy aus Weiden bei Rechnitz wollte seine Frau (sie war eine Romni) nicht im Stich lassen und schloß sich dem Transport an. Beide kamen nicht mehr zurück. (Interview mit einem Zeitzeugen)

*"In Rechnitz haben wir einen deutschen Verwalter gehabt. Als der (am 13. April 1943) erfuhr, daß wir wegkommen sollten, hat er bei vielen - den höchsten - Ämtern angerufen, daß sie uns behalten sollten, weil wir so fleißig waren. Es war umsonst, wir sind familienweise weggekommen. Der hat sogar geweint um uns. Aber es hat nichts genutzt.*

*... Am 15. April sind sie dann gekommen und haben uns in der Nacht aufgeweckt. Es waren Rechnitzer Gendarmen, einer hat noch zu meinen Vater gesagt: 'Seppl mach dir und deinen Kindern noch ein Frühstück!`*

*... Dann kamen wir auf Lastautos, mit denen sind wir dann bis Rechnitz, dort haben sie uns dann in Viehwaggons geladen, und wir sind wegtransportiert worden ... Sie haben uns nur gesagt, wir kämen weg zur Arbeit ..." ("Naziherrschaft und was uns blieb!" 1989: 25f. Auszug aus*

*einem Interview mit einer Romni, die in das Konzentrationslager nach Auschwitz kam. Hier kamen ihre Mutter, ihr Vater, ihre Schwester und ihr kleiner, achtjähriger Bruder, ums Leben.)*

## LITERATUR UND QUELLEN

Baumgartner, Gerhard: Geschichte der jüdischen Gemeinde zu Schlaining, Österr. Institut für Friedensforschung und Friedenserziehung (Hg.), Schlaining 1988
Bernstein, Béla: A Zsidók Története Vasmegyében, in Magyar Zsidó Szemle 1913, S 161-208 (Übersetzung aus dem Ungarischen von Andreas Racz)
Brunner, Erich: Beiträge zur Instrumentalgeschichte von Rechnitz mit der Chronik der Trachtenmusikkapelle Rechnitz, Graz 1988 (Diplomarbeit)
Häusler, Wolfgang: Probleme der Geschichte des westungarischen Judentums in der Neuzeit (2. Teil), in: Burgenländische Heimatblätter 1980
Jüdische Presse 1922/37/38
Klein, Karl: Beiträge zur Geschichte der Großgemeinde Rechnitz. Gemeindeamt Rechnitz (Hg.), Rechnitz o.J.
Klein, Karl: Geschichte der Juden in Rechnitz, in: Gold, Hugo (Hg): Gedenkbuch des untergegangenen Judengemeinden des Burgenlandes, Tel Aviv 1970, S 116 -119
Langeder, Gertrud: Die Beziehungen zwischen Juden und Grundherrschaft im Burgenland, Wien 1946 (Diss.)
Lohrmann, Klaus (Hg): 1000 Jahre österreichisches Judentum, Ausstellungskatalog, Eisenstadt 1982
Loibersbeck, Josef: Rechnitz und die beiden Hodisse, in: Volk und Heimat 1955/14/21, 1969/12, 1969/70/1/2
"Naziherrschaft und was uns blieb!": Unabhängiges Antifaschistisches Personenkomitee Burgenland (Hg.), Oberwart 1989
Portschy, Tobias: Die Zigeunerfrage. Denkschrift des Burgenländischen Landeshauptmannes, Eisenstadt 1938
Rechnitz in alten Ansichten: Gemeindeamt Rechnitz (Hg.), Rechnitz 1991
Romirer, Maria: Jüdische Kultur im Burgenland. Rechnitz. Seminararbeit, Institut für Volkskunde, Wien 1991
Scheiber, Alexander: Die Anfänge der jüdischen Kunst im Burgenland, in: Gold, Hugo (Hg): Gedenkbuch der untergegangenen Judengemeinden des Burgenlandes, Tel Aviv 1970, S 121f
Widerstand und Verfolgung im Burgenland 1934-1945: Dokumentationsarchiv des östereichischen Widerstandes (Hg.), 2. Auflage, Wien 1983

Privatarchiv Mandl
Interviews mit Rechnitzer Zeitzeugen und einem jüdischen Emigranten

Teil II

# GESPRÆCHE

## INTERVIEWS MIT RECHNITZERN UND FLÜCHTLINGEN

Christiane Gruber/Christine Teuschler

# EINE SZENISCHE LESUNG - AUSZÜGE AUS INTERVIEWS





## DIE GESCHICHTE EINER FLUCHT

### Flucht aus Kroatien

*"Wir kommen aus einer kleinen Stadt in Kroatien. Mein Mann und ich sind beide Anfang 30. Wir haben drei Kinder zwischen zwei und zehn Jahren. Ich habe eine Fachschule für Chemie absolviert, aber nie in meinem Beruf gearbeitet. Mein Mann ist gelernter Automechaniker. In letzter Zeit hat er nicht mehr in einer Werkstatt gearbeitet, sondern versucht, einen eigenen Betrieb aufzumachen. Er wollte sich selbständig machen. Wir haben ein Haus am Rande unserer kleinen Stadt und auch etwas Landwirtschaft und ein paar Tiere. Wir haben gut gelebt, uns hat es an nichts gefehlt, uns ist es gut gegangen."*

*"Die Tiere sind sicher alle tot, und keiner weiß, ob noch etwas von unserem Haus steht. Wir sind aus unserem Ort weggegangen, weil er pausenlos bombardiert wurde, die Sirenen hörten nicht mehr auf zu heulen. Wir hatten keine Schutzräume, wo wir uns hätten aufhalten können. Es gab auch keine Keller, in denen wir Schutz hätten finden können. Wir waren den Bomben ausgeliefert. Überall nur Schutt, Verletzte und Tote. Es war schrecklich."*

*"Wir sind vor allem wegen unserer Kinder geflohen, wir wollten ihnen das ersparen, es war schrecklich, daß sie so etwas erleben mußten. Sie sind unser ein und alles. Wir wollten verhindern, daß ihnen etwas passiert, daß sie krank werden oder daß ihre Seele krank wird. In der ersten Zeit hier in Österreich, als am Wochenende die Sirene zu heulen anfing, standen sie richtig unter Schock. Sie haben geglaubt, es wird Bombenalarm gegeben. Auch bei jedem Flugzeuggeräusch bekommen sie panische Angst. Und jetzt noch wachen sie oft in der Nacht auf, schreien und weinen. Wir haben unser Auto mit dem Notwendigsten vollgestopft und sind einfach davongefahren, ohne darüber nachzudenken, was uns erwartet. Wir hatten*

*keine Ahnung, wo wir landen würden. Wir wollten einfach nur weg von dem Wahnsinn ... Hier geht es uns gut. Wir haben 3 Mahlzeiten täglich, und die Kinder bekommen auch reichlich Obst. Natürlich gibt es einige Sachen, die wir nicht gewohnt sind zu essen, vor allem die Kinder sind das nicht gewohnt. Aber die Verpflegung ist gut, wir sind zufrieden. Kleider hat man uns bereits in Traiskirchen gegeben. Finanzielle Unterstützung erhalten wir keine, weil wir ein Auto haben. Nur Leute ohne Auto werden finanziell unterstützt. Aber warum sollten uns die Leute auch noch Geld geben? Wir haben ein Dach über dem Kopf, wir haben Betten zum Schlafen, wir bekommen Verpflegung, mehr können wir auch nicht erwarten. Wer sind wir, daß wir Ansprüche stellen könnten? Wir sind zufrieden mit dem, was wir bekommen. Wir hatten ein paar Ersparnisse mitgebracht und ein paar Wertgegenstände, die wir verkaufen konnten. Von dem Geld kaufen wir, was wir sonst so brauchen - Windeln für unser Kind, ab und zu Zigaretten, zu Weihnachten ein wenig Schokolade für die Kinder. Wir sind zufrieden."*





*"Ich glaube, die Leute denken, wir wollen hier bleiben und ihnen die Arbeitsplätze wegnehmen. Aber wir wollen das nicht. Es gibt sicher einige, die um Asyl angesucht haben oder noch ansuchen werden - aber wir bestimmt nicht. Viele Flüchtlinge träumen von einem besseren Leben hier, für mich aber ist es ein Land, in dem vielleicht einiges leichter ist, aber in dem man genauso arbeiten muß, um es zu etwas zu bringen ... Wir haben alles gehabt. Und wir haben nie daran gedacht, von unserer Heimat wegzugehen. Wir sind viel gereist, wir waren oft im Ausland, aber wir wollten nie woanders leben als in unserer Heimat. Wir wollen auch so schnell wie möglich wieder zurück. Aber ich glaube, so schnell ist kein Ende abzusehen."*

*"Es ist sehr schwer, wir wissen einfach nicht, wie es weitergeht. Jetzt warten wir einmal den 15. Jänner ab. Vielleicht bringt die Anerkennung ja den Frieden. Wir wissen es nicht. Wir können nur abwarten. Die Kinder könnten hierbleiben bis wir sie nachholen können, aber vielleicht wird doch noch alles gut. Warten wir den 15. ab."*

Familie A. ist inzwischen nach Kroatien zurückgekehrt.

# FLUCHTGRÜNDE
# WARUM FLÜCHTEN MENSCHEN?

EIN RECHNITZER

*"Warum die Leute fliehen? Weil die Leute unzufrieden sind, weil rundherum nichts ist und natürlich der leere Magen ..., oder wenn du nichts erreichen kannst, und du siehst aber in dem blöden Fernsehen, was es im Westen alles gibt, nicht wahr, ... und bei dir zu Hause gibts nichts, jetzt wird der natürlich unzufrieden. Und diese schrecklichen Werbespots, dann ist es klar, daß der junge Mensch dort irgendwo sich sagt, dort muß es ja super sein, also dort will ich hin. Ich glaube nicht, daß es jedem leicht fällt, seine Familie zu verlassen, der wird sich sicherlich schwer tun, das wird eine schwere Entscheidung sein, aber er will das riskieren und will in den ´goldenen´ Westen, und wenn er dann kommt, dann steht er monatelang und jahrelang mit den Händen in den Säckeln da, ... daß der dann vielleicht unzufrieden ist mit sich selbst, zurück kann er nicht, weil er kein Geld hat, und also dann leuchtet der Abrutsch zur Kriminalität ein, das ist fast auch wieder was, das man verstehen könnte.*

*Es ist selbstverständlich ein großer Jammer, wenn du es richtig betrachtest, ich hab auch teilweise selber mit diesen Leuten gesprochen, auf der einen Seite ist ja der Mann mehr oder weniger ein Fahnenflüchtiger, der sein Vaterland ja im Stich gelassen hat, wie sie ihn gebraucht hätten, ... mehr oder weniger ... andererseits muß ich ihn anerkennen, wenn er das macht, weil er versteht, daß das ein sinnloser Krieg ist, wo er nicht freiwillig seinen Kopf hinhalten wird und vielleicht in dieser Panikreaktion die Flucht als das Beste sich vorgestellt hat ... das ist natürlich ein großer Jammer, und mein Mitgefühl haben die Leute, ...*

*Und erst in zweiter Linie, glaube ich, daß sie flüchten, weil in ihrem eigenen Land keine Zukunftschancen sind. Aber ich kann das nur sagen von einer Familie von ungarischen Serben, die geflüchtet sind; die sind deswegen geflüchtet ..., die haben eigentlich einen großen Obst- und Weinbetrieb zu Hause zurückgelassen, der scheinbar auch ganz gut in Schuß war, aber die haben Angst gehabt, daß der Mann und der Sohn in den Krieg gehen müssen und kämpfen müssen und vielleicht fallen könnten, und jetzt sind sie geflüchtet.*

*Aber jetzt ist das große Problem, daß sie kein Asylrecht anerkannt kriegen und, na ja, wahrscheinlich werden sie abgeschoben und dann droht diesen Männern eine große Freiheitsstrafe, wenn nicht sogar die Todesstrafe, also sie können nicht zurück, da können sie auch nicht bleiben, das sind recht verzweifelte Leute, die Leute kenne ich persönlich.*

*... Schrecklich, mir fällt kein anderes Wort ein, es ist furchtbar, wenn ich zurückdenke, wie man in der Schule das erstemal gelernt hat, daß es früher Leute gegeben hat, die geflüchtet sind, oder wenn man von den Kriegswirren gehört hat, wo es Flüchtlinge gegeben hat, na ja, da hat man das gelernt und das hat man halt gehört, und das hat mich schon immer irgendwie betroffen, auch wenn man es nur in der Schule hört; da hast du geglaubt, das kann es nicht geben, also das gibt´s nicht wirklich und mittlerweile muß man ja feststellen, daß ja die ganze Welt in Bewegung ist, es wird ja überall geflüchtet. ... Um Gottes Willen, wo wird das hinführen? Es ist schrecklich, ich kann es nicht anders ausdrücken."*





Stimme eines Nachrichtensprechers

"Bewaffnete Konflikte zwischen Staaten und Bürgerkriege, dadurch verursachtes wirtschaftliches Elend und Hungersnöte, politische Verfolgung, insbesondere von Minderheiten, und ökologische Katastrophen sind die Ursache dafür, daß sich weltweit nach Schätzungen des UNO-Flüchtlingskommissariats etwa 15 Millionen Menschen auf der Flucht befinden. Flüchtlinge sehen sich gezwungen, sämtliche Grundlagen ihrer Existenz aufzugeben, die vertraute Umgebung, nahestehende Menschen, Kultur und Traditionen zurücklassen, in der Hoffnung, in einem fremden Land menschenwürdig und ohne Angst leben zu können."
(Asylland Österreich: Zutritt verboten? 1990: 1)

Ein Rechnitzer

*"Schaun's, für mich persönlich ist das Flüchtlingsproblem ja sowieso ... ganz einfach für mich, ich akzeptiere das ... Erstens einmal, es gibt ja heute fast keine politischen Flüchtlinge und Verfolgte ... Was soll der Scherz, die Tamilen kommen, weil ihnen fad ist ... Ein jeder glaubt, bei uns in Österreich fliegen die 'Gebratenen' herum ... Also ich sage ihnen, 90 Prozent,*

*die in Österreich herumlaufen, sind keine politisch Verfolgten. Na ja sicher, die Leute sind alle haaß, weil die kriegen ein Geld umsonst ... Die alten Leute haben ja auch alle nichts gehabt, nichts zum Essen gehabt ... Da muß man halt schauen, wie man mit weniger auskommt. Und wenn man fleißig ist, bringt man's zu was. Und wenn man nicht will, bringt man's zu nichts ... Irgendwann einmal wird es im Fernsehen und im Radio heißen, wir haben kein Geld für unsere Pensionen, aber für die Flüchtlinge haben sie alle ein Geld ... und dann werden die Leute haaß."*

STIMME EINES NACHRICHTENSPRECHERS
"Selbstverständlich stimuliert auch Armut, ja zwingt Armut manchmal zum Verlassen der Heimat, aber es ist ein Phänomen, daß sich aus gleich armen Ländern in einem Fall Flüchtlingsströme in reichere Länder ergießen und im anderen Fall nicht. Es gibt also einen Zusammenhang zwischen Wanderdrang und politischer Repression. Denn in armen Ländern ohne politische Repression ist der Auswanderungsdruck allemal geringer, als bei jenen, wo zur sozialen und wirtschaftlichen Pression auch noch die politische Repression kommt."
(Lanc 1987: 87)

"... Sehr oft unterscheidet man zwischen echten und unechten, zwischen guten und bösen Flüchtlingen.

Erinnerung an historische Tatsachen tut gut, aber wird oft als störend, manchmal sogar als geradezu unanständig empfunden - eine Erfahrung, die mehrfach gemacht wurde. Und doch erscheint es wesentlich, auch hier in einer historischen Perspektive zu denken und aus der Geschichte gewisse Lehren zu ziehen."
(Leuprecht 1987: 24)

EIN RECHNITZER
*" ... Ich finde die Abgrenzung zwischen politischem Flüchtling und Wirtschaftsflüchtling nicht gut, weil Österreich Zuwanderer braucht, schon allein aus wirtschaftlichen Gründen ... Österreich war schon immer ein Einwanderungsland, was ich von meinem geschichtlichen Wissen her weiß, vor allem Wien. Das ist ohnehin bekannt ... Man muß nur in das Telefonbuch*

*schauen ... Wenn wir vor 100 Jahren die Grenzen dicht gemacht hätten, hätten wir jetzt höchstwahrscheinlich auch keinen VRANITZKY als Bundeskanzler ... Wenn wir nur jene Flüchtlinge aufnehmen, die Österreich braucht und die zu Österreich passen, finde ich das nicht richtig ... das ist so wie Menschenhandel ... "*

STIMME EINES NACHRICHTENSPRECHERS

"Zwischen 1945 und 1990 nahm Österreich ca. 1,2 Millionen Vertriebene, Asylwerber und Flüchtlinge auf. Von ihnen blieben 680.000 im Land. Seit 1965 kamen überdies 1,1 Millionen Ausländer als Arbeitskräfte oder als Familienangehörige von Arbeitskräften nach Österreich. Von ihnen sind rund 500.000 noch hier. Insgesamt bedeutet dies eine Integration von fast 1,2 Millionen Personen in 45 Jahren. Im gleichen Zeitraum (1945-1990) gingen ca. 500.000 InländerInnen ins Ausland.

Aus demographischer Sicht ist Österreich ein Einwanderungsland, auch wenn es sich nicht als solches versteht. Rund 12 Prozent seiner Wohnbevölkerung kamen außerhalb seiner Grenzen zur Welt. Auch die international relativ erfolgreiche Integration von ca. 25.000 - 30.000 Personen pro Jahr spricht für diese Diagnose ... "

(Münz 1992: 37)





EINE RECHNITZERIN

*" ... Es ist so, wir sind immer wieder ein Asylland, weil wie in Ungarn die Revolution 1956 war, waren bei uns ja auch die Flüchtlinge, da sind sie scharenweise gekommen. Und immer wieder hat die burgenländische Bevölkerung hergeben müssen und spenden, versorgen ... obwohl wir ja selber nicht viel haben. Die Eltern haben nicht viel gehabt, die Großeltern haben in der Landwirtschaft gearbeitet und das bißchen, was sie haben, müssen sie immer wieder mit den Fremden teilen. Sie tun's zwar gern, bitte, da darf man nichts sagen, es wird ihnen alles gegeben, Gewand, was wir haben und auch die Lebensmittel, aber warum immer nur der Osten, der was eh nichts hat? Der Westen ist ja reicher, auch von der Besatzungszeit her, bei uns waren ja die Russen und drüben im Westen ja die Amerikaner, Franzosen und Engländer. Denen ist es sicher besser gegangen drüben, wie unseren Leuten, und*

*warum sollen die auch nicht was tun, Kärnten, Tirol, Vorarlberg, die sollen auch ein bisserl was tun."*

STIMME EINES NACHRICHTENSPRECHERS

"Die überwiegende Mehrheit der weltweiten Flüchtlinge sucht Schutz in Nachbarländern oder Ländern desselben Kontinents. Daher wird der Hauptteil der internationalen Verantwortung, diesen besonders schutzwürdigen Menschen Zuflucht zu gewähren, von Staaten getragen, die zu den ärmsten der Welt gehören, wie Pakistan und Malawi.

Das reiche Westeuropa und Nordamerika hingegen, wohin nur ein sehr geringer Teil, etwas mehr als 5 Prozent der Flüchtlinge weltweit, kommt und Aufnahme findet, stöhnen unter der angeblichen Last und rechtfertigen zunehmend restriktives Vorgehen bei der Aufnahme damit, daß sie von den Asylwerbern überflutet würden, die eigentlich nur ´Wirtschaftsflüchtlinge´ seien."

(Asylland Österreich: Zutritt verboten? 1990: 2)





EIN RECHNITZER

*"Ob ich mir eine Situation vorstellen kann, in der ich das Land verlassen müßte?*

*Ich bin eigentlich ein Patriot, ich würde mich halt bis zu einem gewissen Grad arrangieren, schaun's man kann sich mit jedem Menschen arrangieren und man kann sich auch mit jedem Regime arrangieren, da gibt es gar keine Debatte; ich laß mir das nicht einreden, daß es überall so schlecht ist ... Da derf ma halt nicht sagen, der Vranitzky und der Mock ist ein Trottel, das denk ich mir und sag es halt nicht. Heute kann ich sagen, die Politiker sind Deppen und wenn halt dann ein straffes Regime ist, dann kann man das halt nicht sagen ... dann arrangiere ich mich, aber geh nicht von meiner Heimat fort. So bin ich halt!*

*Sicher, es hat ja auch Burgenländer gegeben, die nach Amerika ausgewandert sind ... nur, die Flüchtlinge, die sind ja jetzt frei, die sollen sich ihre Heimat selbst aufbauen, wenn man nichts tut, dann kommt nichts, die wollen ja gar nicht arbeiten .. Die Neger kommen von Afrika über Italien, na dann sollen sie dort bleiben; bei den Ungarn war es selbstverständlich, daß man denen hilft, ebenso Tschechen ... die Ungarn ... akzeptabel, ... 90 Prozent von den Flüchtlingen sind sowieso*

*Tachinierer ...*

*Was ich täte, wenn ich mit dem Umbringen bedroht würde? Ich ginge sicher nicht fort, dann täte ich mich halt nicht äußern, einen Trottel spielen und aus ...*

*Überhaupt, was das schon für Leute sind! Sind wir davongelaufen, als es uns schlecht gegangen ist?*

*Wo hätten wir auch hingehen sollen? ...*

*Schließlich sind wir ja hier daheim. Und davonrennen, das tut man nicht. Das zeugt von einem schlechten Charakter. Man muß doch verteidigen, was die Eltern geschaffen haben, das kann man doch nicht einfach alles in Stich lassen. Vielleicht, daß man die Frauen und die Kinder wegschickt, solange geschossen wird ... aber ansonsten, man muß doch seine Heimat verteidigen, notfalls mit dem Gewehr."*



STIMME EINES NACHRICHTENSPRECHERS
(Fluchtgedanken)



"Steigender Fortschrittsenthusiasmus hat offenbar nicht zu steigender Sympathie mit 'fortschreitenden' Menschen geführt. Dabei haben die Anthropologen und Ethnologen - just im 'Jahrhundert der Flüchtlinge' - erkannt, daß die Menschen nomadische Lebewesen sind ... Drohende Gefahren meistern sie am liebsten, indem sie ihnen ausweichen ... Dem Streit, der Konfrontation ... gehen sie gerne aus dem Weg ... Ursprünglich waren wir alle ´Flüchtlinge´: stets bereit davonzulaufen.

Bis heute müssen wir unsere Kinder regelrecht dazu erziehen, nicht jeder Bedrohung auszuweichen; und bis heute verstehen wir unter 'Freiheit' auch und vor allem - die Freiheit wegzulaufen, fortzugehen, auszubrechen, Grenzen zu überschreiten (nicht zufällig wurde noch vor wenigen Jahren jeder Flüchtling, der die Todesstreifen des 'Eisernen Vorgangs' überqueren konnte, als ein Held gefeiert).

'Bei uns hat es nach 1945 genauso ausgeschaut wie im Osten', betonen die Leute, 'aber wir sind nicht davongelaufen, sondern haben alles wieder aufgebaut'. Vielleicht wären sie ja auch gerne ausgewandert? Auf der Suche nach Paradise Lost, diesem 'Schlaraffenland mit den tieffliegenden Backhendln', von dem die Emigranten angeblich träumten ...?"
(Macho 1992: 8ff)

Ein Flüchtling aus Albanien

*"Für mich war das so: Ich habe mir immer gesagt ... nur weg von Albanien. Aber wohin ... das ist egal ... irgendwohin, nur Albanien nicht.*

*Flüchten von Albanien war schwer, weil an der Grenze sind viele, viele Menschen gestorben. Viele, viele Menschen ... schießen, anschießen! Das war meine Angst ...*

*Aber ich wollte weg.*

*... Fünf Tage bin ich gefahren.*

*Da habe ich den Unterschied zwischen Albanien und anderen Ländern gesehen. Erstemal, was habe gesehen ... da waren zwei Geschäfte und heraußen Orangen und Bananen und so alles, was man kaufen kann. Oh Gott, habe ich gesagt: was ist das?*

*In Albanien die Menschen kennen nicht, was Bananen sind. In Albanien gibt es schon Orangen, auf den Bäumen, ... aber alles, sie verkaufen alles in andere Länder.*

*Und diese Unterschied ich habe gesehen. Das war sehr schön ...*

*Auf einmal war da Spielfeld! Ich habe getroffen einen anderen albanischen Jungen, der sagt mir: Jetzt mußt du gehen, jetzt mußt du nach Spielfeld gehen ... zu Fuß mußt du gehen ... schau, dieser Berg, ... dieser, was heißt das? Dieser Hügel, das ist Österreich ... Das war um fünf Uhr, nachmittags. Und dann habe ich gewartet bis 8 Uhr, bis es dunkel war. Und dann bin ich gegangen, diesen kleinen, wie heißt das? Pfad ... und dann war ich in Österreich, bin gegangen zur Polizei. Sie sagen, komm mit, wo sind deine Ausweise?*

*Oh Gott, wo bringen sie mich hin? Wieder zurück? Ich war soviel müde! Jetzt wieder zurück, oh Gott!*

*Und dann kommt Dolmetsch von Albanien und begleitet mich mit Auto nach Graz. Da hab' ich gegessen erstes Mittagessen in Österreich, erstes Bier habe ich da getrunken ... da habe ich mich sehr gefreut, ich war in Österreich! Und dann bin ich gekommen nach Traiskirchen. Und dann war Tag, wo kommen Bus und wegfahren ... einmal nach Tirol, einmal nach Oberösterreich, Niederösterreich ... holen diese Menschen von Traiskirchen.*

*Und dann kommen diese Bus, war mit Tafel ´B´. Was ist das ´B´. Wo sind die hin - Burgenland? Ist nicht gut ´B´, sagen sie, da keine Arbeit ... Das Burgenland ...? Ich habe gewußt ... in Tirol oder in Salzburg gibt es Bergarbeiter. Mein Ziel war, ich* muß fortgehen und verdienen. Verdienen gehen für meine Familie. Keine Problem, Bergarbeiter, kein Problem, Bauarbeiter, kein Problem, ist mir egal. Habe nie daran gedacht, daß ich mit Bildern oder mit Kunst kann etwas verdienen ...

Aber, so ist mein 'Glück', ich kann nichts mehr dazutun ... jeder hat halt seine Geschichte ... und meine war schon so ... Zufall, so mit Glück, ... glaube ich ... mit viel Glück.

Und dann war ich also hier ... ohne Reisepaß. Habe gehabt nur 70 Dollar. Für diese 70 Dollar hab' ich gearbeitet ganzes Jahr. In Albanien hab' ich gespart viel, und diese 70 Dollar haben mir geholfen.

Was ich gearbeitet habe? Ja, als Lehrer, ein Jahr, in der vierten Volksschule. Diese Arbeit hat nichts zu tun mit meinem Beruf ... man hat mich auf Platz gesetzt, aber ich bin Maler, Kunstmaler.





Alles war Kommunismus, alles eine Partei, so war das ... Das darfst du nicht vergessen. Albanien war Staat von Kommunismus, stärker als aller Kommunismus in Europa. Und ich sage, behaupte, stärker als aller Kommunismus in der Welt. Kommunismus, das war sehr ... das kann man nicht glauben, wenn man nicht selber da ist. Viele Leute sind Opfer von dieser Regierung - Kommunismus.

Zum Beispiel, wenn Ausstellung machen: Ich habe gemalt eine nackte Frau. Und niemals war ein Mädchen so ohne Kleider in Albanien in einer Ausstellung, niemals. Immer angezogen ... Ja, und dann haben alle gesagt: ´Sehr gut, sehr schön´. Aber zum Schluß, halbe Stunde vor Eröffnung, kommt eine Kommission von Partei - immer - in Land von Sozialismus war das immer. Da kommt die Kommission von Partei und sagt: ´Mhm, das Bild ist gut, aber es muß weg, dieses eine Bild´.

Oder zum Beispiel, ich habe vorher einen Bart gehabt, so heißt das ... Bart. Aber in Albanien war Bart verboten und lange Haare. Oder diese hier, was sind von Männer, Koteletten heißt das? Alles war von Kommunismus. Und von Kommunismus nicht von Rußland. Kommunismus von China. Und Jeans waren verboten. Also ich habe einen Bart gehabt. In meiner Stadt, und das sind 15.000 Leute. Ist groß, nicht so klein. Und nur EIN Mensch mit Bart.

Ich habe gehabt Frau, Kind auch. Und meine Frau, wenn sie geht spazieren ... oder so ... alle schauen und fragen: Was *macht dein Mann, warum hat er einen Bart? Und dann die Polizei. Ich bin zweimal mitgenommen worden. Ja, mitgenommen. Und da hab ich gesagt: Okay, ich nehme diesen Bart weg, aber bitte sagt mir, wo ist das Gesetz, wo steht das geschrieben, Menschen dürfen keinen Bart haben. Ich habe mir den Bart nicht nehmen lassen. Aber Menschen haben Angst gehabt, immer. Und dann habe ich gesagt, das kann man nicht aushalten, da muß ich weg*

*Und wie ich gekommen bin, da hab ich einen Bart gehabt und lange Haare, wie hier auf dem Foto.*

*Aber nicht lange, auf einmal war Bart weg und lange Haare auch. Kaum war die Freiheit da ... das erste, was ich gemacht habe, den Bart weg ..."*

## VOM ZUSAMMENLEBEN IN RECHNITZ - JETZT VOM ZUSAMMENLEBEN MIT DEN FLÜCHTLINGEN





EIN RECHNITZER

*"Mir persönlich ist das gleich, ob Flüchtlinge da sind. Ich weiß mir zu helfen ... Prinzipiell hab ich keine Angst vor einem Flüchtling, auch nicht vor zehn.*

*Aber eine gewisse Schicht von älteren Leuten, die haben schon alle Angst ... Bei uns war Tür und Tor offen, das gibt es bei mir nicht mehr. Was soll eine alte Frau, wenn so einer plötzlich in ihrem Haus steht, die gehen ´fechten´, und der nimmt den Fuß nicht bei der Tür weg ...*

*Ich würde nicht aus Österreich fortgehen, ich würde mich dem Regime beugen.*

*Also eines muß ich schon sagen, daß die Leute immer radikaler werden, weil das in den Leuten trotzdem drin ist ... Speziell als das Bundesheer nicht da war, haben sich die Frauen auf d'Nacht nicht mehr fortgehen getraut...*

*... Im Park ... nirgends kannst sitzen. ... Der sitzt am Bankerl, statt daß er am Sitz sitzt, sitzt er auf der Lehne und unten hat er die Füße, wenn die Polizei hingeht, die lachen sie aus, weil der kann ja gar nichts machen ...*

*Also wir haben einen ziemlich schönen Park mit schönen Bäumen. Ist es ein bisserl dunkel, da trauen sie sich, ... eine Mutter alleine traut sich gar nicht in den Park gehen ...*

*Irgendwas stimmt ja da nicht ... na und das natürlich kreiden die Leute denen allen an ... Ich glaub nicht, daß das mit der Anpassung an der Kultur liegt ... wenn man ein bisserl Erziehung hat, fügt man sich überall und ich hab noch keinen gehört, weil ein Türk da war, daß einer gesagt hat, weil der andersgläubig ist, ist er ein schlechter Mensch, um das geht es nicht ... "*

EINE RECHNITZERIN

*"Es ist die Angst da, weil es doch andere Völker sind, andere Mentalitäten, zum Teil anderer Glaube. Das ist auch wichtig. Und weil sie die Sprache nicht verstehen, ... weil die bemühen sich zwar Deutsch zu lernen, aber es ist schon schwer. Und weil man sich nicht verständigen kann, dann ist es schon irgendwo komisch, wenn da ein Mensch ist, mit dem man nicht reden kann, so glaube ich.*

*Mehr akzeptiert werden die Leute, die so sind wie wir: Hautfarbe, Religion und Mentalität. Sagen wir Ungarn, Jugoslawen, Polen, Rumänen ... und was da runter zu geht, das wird weniger akzeptiert, weil das ist ein ganz anderer Völkerschlag und eine ganz andere Mentalität wie wir.*

*Oh ja, ich kann es mir schon vorstellen, daß man mit einem gewissen Prozentsatz zusammenleben könnte, aber, das darf natürlich nicht soweit führen, daß man jetzt zum Beispiel Rechnitz derartig besiedelt oder durchsiedelt, daß jetzt eine Unzahl von Ausländern da ist und quasi wieder neue Kolonien da bilden ... Weil jeder Flüchtling will ja letztlich dann seine alten Bräuche hier leben, und ich kann mir nicht vorstellen, daß wir in Rechnitz, was weiß ich, ... den Islam reinkriegen, weil da dann 20 Moslems da sind oder weiß ich was, oder noch mehr ... Und ja, da würde ich mich sicher auch dagegen wehren.*

*... Ein Teil der Bevölkerung hat sicher Angst vor der großen Menge, insbesondere vor der Überzahl der männlichen Flüchtlinge, ... vor allem manche Frauen, obwohl ich da überhaupt noch keine Probleme gehabt oder gesehen habe."*

EINE RECHNITZERIN

*"Die große Angst einer Vielzahl der österreichischen Bevölkerung ist die, daß durch diese Flüchtlinge unsere eigene Kultur untergraben und die große Vermischung passieren wird.*

*Ich glaube aber, daß durch die Asylanten oder durch Einwanderung keine Vermischung eintritt, sondern daß es schon längst vom amerikanischen Raum her zu einer Kulturvermischung gekommen ist."*

STIMME EINES NACHRICHTENSPRECHERS

"Das Argument, daß Elvis Presley oder die Beatles unsere Kultur mehr beeinflußt haben als unsere Gastarbeiter, läßt sich bisher kaum widerlegen; auch unsere Kirchen sind durch Jugendreligionen bzw. Sekten mehr in Schwierigkeiten gekommen als das durch noch so fanatische ´Mohammedaner´ geschehen hätte können.

Allerdings ist unsere Zeit mit ihrem raschen Wechsel von Wirtschaftslagen, Trends und Modeströmungen für viele an sich verunsichernd, gerade, wenn sie sich in prekärer Situation oder sozialer Randlage befinden."

(Bari/Bucek/Mayer 1990: 52)

EIN RECHNITZER

*"Angst? Sie wird nicht direkt geäußert. Aber wenn ich am späten Nachmittag oder frühen Abend zu älteren Leuten komme, merke ich, daß immer öfter die Haustüren zugesperrt sind ... und das war doch früher gang und gäbe im Burgenland ... aber die Leute sind irgendwo verunsichert.*

*Diese Einstellung: Laß dein Haus offen, laß deine Eingangstür offen und dir wird nichts abhanden kommen ... diese Einstellung hat sich sicher geändert ...*

*Ich glaube aber, das hängt gar nicht so sehr mit Bildung zusammen, das hängt viel mehr damit zusammen, daß man etwas hat, einen Besitz, Eigentum, etwas, daß man beschützen will."*

STIMME EINES NACHRICHTENSPRECHERS

" ... Die Furcht vor dem Außen, dem Fremden, der Welt im allgemeinen, ist latent.

Diese unartikulierte und unspezifische Furcht nennt man Angst. Wir bekämpfen sie auf zweierlei Art: Durch das Errichten von Zäunen, Mauern, Stacheldrahtverhauen; und auch durch das Zusammenschließen mit anderen Gleichgesinnten ... "

(Weiss 1990: 66)

Ein Flüchtling aus Bulgarien

*"Wir leben immer mit Angst, das ist das Schlechte, glaube ich. Jeden Tag wir schauen fernsehen, ob etwas Neues für uns ist ... Wenn ich habe Arbeit, es gibt keine Probleme, nur das ... immer die Angst, was ist morgen, was ist morgen?*

*Angst vor Anschlägen? Ich habe schon gehört, daß in Deutschland und so Anschläge auf Asylheime waren ... in Österreich auch schon ... Vor Leuten in Rechnitz habe ich keine Angst, aber ich habe Angst für uns alle.*

*Was ist morgen, was ist am nächsten Tag?*

*Ich möchte hierbleiben, daß ist wichtig, es gefällt mir hier. Ich glaube, die Leute müssen leben so wie Österreicher, ruhig arbeiten, ruhig, das ist richtig für mich. Ich weiß nicht was später sein wird, welche Politik ...*

*Hier lebe ich, hier lebe ich und hoffe ... In Bulgarien ich lebe ohne Hoffnung ... warum hoffen, für was?*

*Wenn ich habe Arbeit, es gibt keine Probleme, nur das ... immer die Angst, was ist morgen, was ist morgen?*

*Zum Beispiel beim Fernsehen ich spreche mit Ausländern, und immer sprechen wir über unser Problem ... das Deutschlernen. Ein bißchen später gehen wir dann schlafen. Früh muß man auf, Arbeit suchen gehen.*

*Samstag, Sonntag ... spazierengehen. Jetzt ist es kalt, da ist es besser etwas anderes zu tun. Später gehen wir vielleicht wieder spazieren oder ins Kino. Später ... vielleicht ... jetzt muß ich noch Deutsch lernen ..."*

Ein Flüchtling aus Albanien

*"Ich komme aus Albanien. Jetzt bin ich schon zehn Monate hier, ja, ich kann schon etwas Deutsch ... überhaupt fragen mich viele Menschen, ob ich das schon vorher gelernt habe ... Aber nein, ich lernte das erst in Österreich ... viel geholfen haben Rechnitzer Bekannte. Habe ich immer gefragt, bitte schön, was ist das. Hab ich immer gefragt, zum Beispiel, wie sagt man das, was heißt das?*

*... Aber meine Familie hat nicht gewußt, wo ich bin. Habe nie gesagt, daß ich weggehen werde ... Aber sie haben gemerkt, daß ich will weg von Albanien. Und dann haben sie gewartet, gewartet ..., ob ich vielleicht zurückkomme?*

*Aber ich bin hier.*

*Aber ich habe viele Sehnsucht, ich wollte einmal meine Frau neben mir ..., wollte einmal wieder hören mein Kind ..."*

EIN FLÜCHTLING AUS ZAIRE

*"Ich bin Schweißer. Das ist gute Arbeit, jetzt habe ich keine Arbeit, habe wenig Geld ... 800 Schilling für zwei Monate. Zu Hause, ich habe eine Familie, ich habe eine Frau, ich habe ein Kind.*

*Hier bin ich allein.*

*Ich bin afrikanisch. Afrika - Europa, das unterscheidet sich sehr ... Ja, ich komme aus Zaire nach Austria ...*

*Nichts anderes ich muß denken ... gehen nach Austria ...*

*Ich denke, ich komme nach Austria und bekommen Arbeit hier ... und jetzt? Ich muß warten, warten ... bis wann warten?*

*Ja, zehn Monate ohne Arbeit.*

*Zuerst Traiskirchen und dann Rechnitz.*

*Ja ich habe schon Passport und Visa - aber zehn Monate keine Arbeit ... spazieren gehen, Arbeit suchen, spazieren gehen ... "*





Bei dem Gespräch zwischen dem Interviewer und dem Flüchtling war auch ein Flüchtlingsbetreuer dabei. Er erzählt: "Fast hätte ich für ihn eine Arbeitsstelle in Tirol bekommen. Ich telefonierte schon mit seiner zukünftigen Dienstgeberin. Und da habe ich ihr gesagt, er ist aus Zaire, ein Schwarzer, da sagt mir die Frau dann am Telefon: ´Der ist mir zu schwarz (Anm.: Sie hat das Foto gesehen), er ist zu schwarz ...´ ".

*DER FLÜCHTLING:*

*"Niemand liebt die Schwarzen ... ich bin schwarz ... ah, sagen sie, schwarz, ... das ist nicht gut. Ein, zwei liebe Menschen, andere nicht. Ein, zwei sagen: Schwarz gut, andere sagen: Nicht gut.*

*Im Monat Juli gehe ich zum Badesee. Ein Mann kommt ... he, du Schwarzer, du nicht gut ...*

*Ich bin schwarzer Flüchtling, das ist nicht gut.*

*Ich wollte bleiben in Wien, wollte dort arbeiten. Ich gehe zur Polizei, die sagt: Du kommst nach Rechnitz. Ich denke mir, Rechnitz? Vielleicht gut, vielleicht Arbeit ... Aber keine Arbeit ...*

*Zehn Monate keine Arbeit, das ist nicht gut für einen Mann ... Ich möchte, daß meine Frau kommt. Aber ohne Geld? Meine Frau ist auch schwarz ... das gibt viele Probleme ... Hier im*

*Burgenland nix Schwarzarbeit ... aber auch Problem - nix lieben schwarz.*

*Das große Problem: Zehn Monate nur essen, schlafen, keine Arbeit. Zehn Monate - da ist der Kopf kaputt ...*

*Ich liebe nicht, nur gehen spazieren in Rechnitz. Nicht gehen Badesee, nicht gehen Fußball. Nicht gucken Tennis. Schlafen - fertig ...*

*Rechnitz, Burgenland nix lieben schwarze Mann, nix lieben Ausländer ...*

*Du kriegst ein Bett, aber keine Arbeit.*

*Hier gibt´s keine Arbeit.*

*Du mußt gehen in andere Stadt, finden Arbeit. Wir müssen fahren nach Wien, Arbeit suchen ... aber ohne Geld? Wir müssen gehen nach Graz, suchen Arbeit ... Autostop - Rechnitz - Steiermark.*

*Ah ... geht nicht, ist sehr schwer ... kalt, viel kalt. Ah, bitte ... Steiermark viele Kilometer. Aber Leute sagen: Du Ausländer, warum kommen.*

*Nix denken, daß wenn wir kommen, haben Probleme. Nix fragen, warum wir kommen und bleiben ..., das ist ein Problem."*





EIN RECHNITZER

*"Die Rechnitzer sind nicht sehr begeistert von den Flüchtlingen ... Nein ... Nein ... Naja, was soll ich sagen, ich sag halt: Wo hätten wir sollen hingehen, wie der Krieg war. Uns wäre das gar nicht eingefallen, wenn wir auch sterben müssen, bleiben wir da. Aber doch nicht ..., ich wär von meiner Heimat nicht weg. Daheim sein ist mir schon sehr viel wert, sowieso, das ist doch wichtig. Also freiwillig ging ich hier nicht weg, freiwillig nicht! ... Ich möchte auch nicht in Wien sein, jetzt nicht! Das ist furchtbar in der Stadt, jetzt, was da für Nationen sind, wie vielerlei Volk da ist, das ist furchtbar, ich verstehe das nicht ... Nein, also mich kriegen sie hier nicht weg. Ich bleib´ hier!"*

EIN RECHNITZER

*"In Rechnitz ist jedes Quartier von den Flüchtlingen besetzt, daß man gar keine Gäste mehr anderweitig unterbringt ...*

*Die Flüchtlinge sind alle in Gasthäusern und privat untergebracht.*

*Ich glaube persönlich, daß in Rechnitz die Gastwirte und die Privatquartiergeber ihre leere Zimmer auffüllen wollen, und das ist für die Gastwirte nur eine finanzielle Frage. ... Die Flüchtlinge hat man sicher, und ob ein Fremder kommt ist nicht sicher.*

*Von denen muckt keiner auf, zu Mittag kriegt jeder dasselbe Essen und am Abend auch.*

*Die Fremden sind wegen der Flüchtlinge sicher ausgeblieben, die, die früher immer gekommen sind. Es gibt sehr wenige Zimmer. ... Und jetzt ist auch noch das Bundesheer in welchen drinnen. Und es ist die große Anzahl der Asylanten in Rechnitz auch ein Problem. 40 oder 50 Asylanten wären leichter zu verkraften wie 150 oder 200. Auch wissen wir nicht, wieviel Geld die Pensionsbesitzer für die Asylanten bekommen und wieviel Taschengeld die Asylanten erhalten."*

STIMME EINES NACHRICHTENSPRECHERS

"Derzeit befinden sich ca. 20.000 Menschen in Bundesbetreuung, d. h. in einem der fünf Lager (ca. zehn Prozent) oder der ca. 470 privaten Pensionen und Gasthöfe (ca. 90 Prozent).

Für die private Unterkunft und Verpflegung bezahlt der Bund 170 Schilling pro Tag und Person an die Besitzer der Gasthöfe und Pensionen.

... der für Asylwerber wichtigste Aspekt der Bundesbetreuung ist die Tatsache, daß ihnen durch die freie Unterkunft, Verpflegung und ärztliche Versorgung für die Dauer des Verfahrens ein Existenzminimum gewährt ist ... "
(Asylland Österreich: Zutritt verboten? 1990: 85)

EIN RECHNITZER

*"Sie fragen mich, ob da schon einmal irgendetwas vorgefallen ist? ... Ja, da waren mehrere Sachen - aber unsere Exekutive hat ja kein Recht, was sollen die denn machen. Schaun´s, z. B. ein Rumäne hat eingebrochen, es ist eine Frechheit, wenn er sich das überhaupt sagen traut, ... der hat vorn beim Billa eingebrochen, und dann hat er gesagt, ganz großartig, auch in der Zeitung, er muß für seine Kinder stehlen gehen, weil sie hungern.*

*Da soll er sich zusammenpacken und soll z'hausfahren, weil das ist eine Frechheit, und jetzt sind die Leut da alle giftig, weil jeder weiß, daß der da alles kriegt, vom Klopapier angefangen bis weiß der Kuckuck was ... und einmal hat einer, ein so ein guter Kerl, ihnen Kleider geschenkt, na, dem haben's automatisch zwei Radln gestohlen ... und das ist eben das große Problem."*

STIMME EINES NACHRICHTENSPRECHERS

"Selektive Berichterstattung vermittelt den Eindruck, Ausländer seien aggressiv, sogar kriminell im Vergleich zu den Österreichern. Von der unzulässigen Verallgemeinerung von Einzelfällen zur sensationsorientierten Medienberichterstattung schließt sich der Kreis ... Das Vorurteil besonderer Kriminalität wird nur scheinbar durch amtliche Statistiken erhärtet, welche bloß Fallzahlen ohne weitere Differenzierung zwischen den verschiedenen Ausländergruppen bzw. nach dem Geschlecht aufweisen ... Nach Abwägen der einzelnen Sachinformationen kann somit von einer überaus starken "Ausländerkriminalität" nicht gesprochen werden ... "
(Bari/Bucek/Mayer 1990: 129)





EIN ANDERER RECHNITZER

*"Und das mit der Arbeit ...? ... Schauen Sie, wie überall der Schwarzmarkt blüht, ... daß der den billiger kriegt, - schaun´s, ich werd ihnen was sagen: wenn von den Ungarn jetzt einer rüberkommt und es will ihn einer haben zum Arbeiten um 50 Schilling, der freut sich; wenn du aber zu einem Flüchtling sagst, du gibst ihm 50 Schilling, - er soll Schneeschaufeln, sagt er, er ist nicht bereit ... für 100 Schilling, ja da ginge er arbeiten ... Er hat ja recht, wenn ich alles krieg ... wenn mir das der Papa Staat zur Verfügung stellte, ich wär auch glücklich ..., einmal in der Woche was arbeiten und ich leb´ gut, besser als ich mit meiner Arbeit ...*

*Warum sollten sie arbeiten, wenn sie eh' alles umsonst haben. Dabei ist das doch ein schönes Taschengeld. Sie kriegen im Durchschnitt 40,— Schilling in der Stunde. Bei 40 Stunden in der Woche sind das 1.600 Schilling in der Woche - das ist doch nicht schlecht, wenn du sonst nichts zu tun hast.*

*Warum geht es uns denn jetzt so gut? Weil wir fleißig sind, weil wir hart angepackt haben, und - weil wir Disziplin haben. Deshalb sind wir heute wieder wer. Wir arbeiten ja hart für unseren Wohlstand, aber das sehen die ja nicht, die sehen nur den gedeckten Tisch. Die haben überhaupt keinen Bezug zum Geld. Die glauben einfach, Österreich ist das Schlaraffenland. So, wie wir an Amerika geglaubt haben - vom Tellerwäscher zum Millionär und so ...*

*Ja schon, es ist immer mal einer dabei, der ganz anständig ist. Aber was das Geld angeht, da sind sie alle wie die Kinder. Also, da hatten wir mal einen Ingenieur. Bei uns ist das ja immerhin schon was, und da habe ich mir gedacht, das ist ein Ingenieur, mit dem kannst reden ...*

*Der hat unbedingt arbeiten wollen und seine Familie selbst ernähren. Er war auch so ein recht anständiger Mensch. Und da haben sie ihm Arbeit angeboten für 6.000 Schilling im Monat und die hat er dann angenommen. Der hat nur die 6.000 Schilling gesehen und hat geglaubt, das sei viel Geld.*

*Da habe ich zu ihm gesagt: ´Herr Ingenieur´, habe ich gesagt, ´davon können sie doch keine Familie ernähren´. - Das hat der mir nicht geglaubt. Das hat der mir einfach nicht geglaubt. Der hat geglaubt, ich bin es ihm neidig. Stellen Sie sich das vor. Die sehen nur die vollen Geschäfte und nicht die Preise, daß das alles was kostet, das sehen die nicht. Die sind wie die Kinder. Und wenn ich denen sage, das ist gut für dich, die glauben es nicht. Da kann man nichts machen.*

*Na ja, aber wenigstens hat der arbeiten wollen, die meisten wollen den ganzen Tag ja nichts tun, die hängen nur rum, mir wäre das zu blöd.*

*Und was mich ärgert ist, daß das vor allem junge, kräftige Lackeln sind, ja, die was da hätten zu Hause bleiben sollen und arbeiten sollen ... das ärgert mich so, wenn ich in der Früh arbeiten fahre, die sitzen schon um 6 Uhr am Bankerl dort bei der Kirche, ... und wir müssen arbeiten gehen ... "*

STIMME EINES NACHRICHTENSPRECHERS

"Ein Asylwerber hat nach den allgemeinen Bestimmungen des Ausländerbeschäftigungsgesetzes Anspruch auf Erteilung einer Arbeitsbewilligung. Obwohl nach einem Erlaß des Bundesministeriums für Inneres Asylwerber mit Aufenthaltsrecht nach dem Asylgesetz oder Asylwerber, über die ein Aufenthaltsverbot mit Vollstreckungsaufschub verhängt war, eine Arbeitsbewilligung erteilt werden sollte, zeigte die Praxis bis vor wenigen Monaten ein ganz anderes Bild:

Für nahezu alle Asylwerber bestand lediglich die Möglichkeit, entweder schwarz oder gar nicht zu arbeiten.

Durch die bis vor kurzem geübte Praxis der Arbeitsämter, Asylwerbern keine Arbeitsgenehmigung zu erteilen, hatte sich eine Situation entwickelt, in der diese Menschen gegen ihren Willen entweder ihre Zeit totschlagen mußten und dadurch feindliche Gefühle bei der einheimischen Bevölkerung hervorriefen oder sich gezwungen sahen, gegen unwürdige Entlohnung und ohne Sozialversicherung und arbeitsrechtlichen Schutz sich von Schwarzarbeitgebern ausnützen zu lassen."
(Asylland Österreich: Zutritt verboten? 1990: 22)

EIN RECHNITZER

*"Ich würde die Flüchtlinge nicht in eine Arbeit hineinzwingen, aber ich würde doch vorschreiben: Ihr wollt hierbleiben, gut, dann lernt Deutsch ...*

*Dadurch könnte ich ihnen das Rüstzeug in die Hand drücken. Ich spreche hier von der Möglichkeit, wo sie dann später auf eigenen Beinen stehen können ... und das ist, glaube ich eine wichtige Sache ... Nur ein Bett zum Schlafen, täglich drei Mahlzeiten und ein Taschengeld anzubieten, ist zu wenig ... das Wichtigste ist die Bildung."*



EIN ANDERER RECHNITZER

*"Dankbarkeit? ... Man muß eines sagen, sie sind sehr, sehr wählerisch im Essen. Und ich glaube, die schätzen das auch gar nicht, was sie eigentlich kriegen, und daß sie so gut versorgt sind. Ein Großteil von den Leuten schätzt das nicht ... Das könnten wir uns ja auch nicht erlauben, um Gottes Willen, wenn wir irgendwo sind und dort zu essen bekommen ..."*

EINE RECHNITZERIN

*"Ein Bekannter von mir war in Rechnitz in einem kleinen Zimmer mit einem anderen zusammen, weißt, es heißt immer, ein Ausländer muß immer zufrieden sein, immer genügsam sein ..., weil er ist da ja auf Besuch oder als Gast ... und so muß er halt zufrieden sein. Und die sind ja eh' froh, daß sie zunächst einmal wo untergebracht sind und ein Dach über dem Kopf haben.*

*Nur gewisse menschliche Voraussetzungen sollten auch für einen Ausländer gelten, denke ich.*

*... Ausländer müssen genügsam sein, und die müssen eine*

*bestimmte Verhaltensweise haben, um nicht irgendwie aufzufallen, um nicht irgendwo anzuecken ..., aber in dem Moment, wo er anfängt doch auch etwas von seinem Leben zu erwarten und wo er jetzt in einem Land ist, wo er arbeiten gehen könnte und für seine Familie etwas mehr haben könnte, kommt eine große Aggression ..., weil die Österreicher Angst haben, daß für sie dann zu wenig bleibt ...*

*... Die Österreicher glauben immer, daß für sie zu wenig bleibt."*

STIMME EINES NACHRICHTENSPRECHERS

"Wir müssen es schaffen, das Grundhumanitätsthema, das in der Ausländerfrage durchkommt, auch in seiner ganzen gesellschaftlichen Breite darzustellen. Es ist nämlich in Wahrheit über weite Strecken keine Ausländerdiskussion, auch wenn sie so geführt wird, sondern eine tiefe Diskussion um den Grundkonsens unserer Gesellschaft, über das Minimum der Humanität, der Solidarität, das ist ein Thema, das eigentlich die Ausländer relativ zufällig trifft, aber das vielleicht schon in einigen Monaten auch ganz andere Personengruppen einbezieht ... "

(Schüller 1992: 2)

EIN RECHNITZER

*"Die Akzeptanz von den Rechnitzern? Ich glaube, hier hat es erst eine Entspannung gegeben ... seitdem das Militär eingesetzt worden ist. Eine Entspannung im Sinne von Grenzschutz, im Sinne von Anwesenheit einfach, weil die Verunsicherung war in Rechnitz sicherlich sehr hoch ...*

*Die, die hierbleiben wollen, aber keine Anzeichen zeigen, die Sprache zu lernen, einen Sprachkurs zu besuchen ... also die, die keinerlei Anzeichen zeigen, die Sprache zu erlernen, die stellen sich mehr oder weniger in eine Ghettosituation.*

*Die positivste Problemlösung war eigentlich dieser Sprachkurs. Und das auffallendste ..., daß sehr viele ihn sehr ernst genommen haben ... und andere sind wieder drei Tage nicht hingegangen ... Ich glaube, hier erkennt man schon leicht die Situation: Möchte ich etwas oder nicht?*

*Ich glaube, das entscheidende für die Verbesserung des Klimas hier in Rechnitz wird es sicherlich sein, ... diese ghettohafte Sprachbarriere aufzulösen."*

EINE RECHNITZERIN

*"Also ich würde eher sagen, diejenigen, die einen Kontakt wollen zu den Asylanten, die werden sich auch durch die Sprachbarrieren nicht daran hindern lassen und die, die sagen ´Ja, die Sprache ist ein Problem´, sind so und so an einem Kontakt nicht interessiert ...*

*Man kann es ja mit ein paar Brocken Englisch versuchen oder mit Deutsch. Es gibt dann ja auch in der Elterngeneration noch genug Leute, die Ungarisch und Kroatisch sprechen, und da kenne ich ein paar Ältere, die sich dann mit den Sprachen trotzdem irgendwie verständigen können; aber natürlich, sicher ist die Sprachkenntnis eine Voraussetzung für die Eingliederung ...*

*... ich habe einmal einen Kontakt zu einem Flüchtling bekommen. Und zwar hat mich da jemand einmal auf der Straße angesprochen ... auf Englisch, und hat nach irgendetwas gefragt ..., und dann habe ich mich mit zweien, die waren aus Somalia, öfters getroffen. Wenn man mit den Flüchtlingen redet, so beklagen sie meistens den geringen Kontakt mit der Bevölkerung, und daß sie keine Möglichkeit haben, mit jemandem in Kontakt zu treten, und daß sie sich eine Kommunikationsstätte wünschen würden.*

*Wir haben ja mehrere Gasthäuser und Buschenschenken, also Kommunikation könnte schon sein, wenn Kommunikation gewünscht wäre, da ließe sich Verschiedenes machen, ... die Räumlichkeiten wären da ... Wenn es Initiativen gäbe, wär´ die Möglichkeit schon gegeben ... "*

EIN RECHNITZER

*"Bei einer Veranstaltung, wo das Projekt 'Haus der Flüchtlinge´ vorgestellt wurde, habe ich gehört, daß das auch eine Art Kontaktzentrum werden soll, wo auch Rechnitzer hinkommen sollen und teilweise Veranstaltungen durchgeführt werden können, was dem Abbau von Vorurteilen dienen soll. Und um die Leute auch wirklich zu integrieren. Ich finde das eine sehr vernünftige Idee.*

EINE RECHNITZERIN

*"Durch unsere Freundschaft mit einem Flüchtling, ... ich bin überrascht, weil es mit unseren Kindern so gut geht ... Weil sie lernen jetzt die Probleme von anderen Menschen kennen, und sie sehen die Ausländer jetzt ganz anders als vorher. Weil vor-*

*her, zum Beispiel mein kleiner Sohn, der hat in der Schule immer gesagt: die depperten Ausländer und so ... und das würde er heute, glaube ich, nicht mehr sagen. Weil heute sieht er wirklich, was ein Ausländer für Probleme hat, wenn er kommt, warum er überhaupt kommt, von wo er kommt.*

*Unser Bekannter ist aus Albanien und jetzt schauen wir im Fernsehen, was dort los ist. Das Land ist wirklich so arm und so ... Das ist eigentlich schon positiv, daß die Kinder das jetzt merken ...*

*Ich glaube, daß sie hier zu wenig wissen, wie es einem Ausländer wirklich geht in Rechnitz. Sie sehen nur, der sitzt am Bankerl und sonnt sich. Daß das aber oft für ihn das ärgste ist, nichts zu tun zu haben, keine Arbeit zu haben, das sehen sie nicht. Zum Beispiel bei unserem Freund. Der ist ein sehr tätiger Mensch. Immer nur sitzen ist für ihn eine Katastrophe ...*

*Die Flüchtlinge haben halt sehr viele Probleme wegen der Freizeitgestaltung. Und wohin können sie denn auch schon gehen? ... Ich finde, daß da irgendetwas gemacht werden muß, daß sie sich irgendwo treffen könnten ..."*





EINE RECHNITZERIN

*" ... Und außerdem, die Gemeinde sollte die Bevölkerung mehr informieren und nicht selbst so zwiespältig sein. Da wollen sie ein 'Haus der Flüchtlinge' machen, die Gemeinde hat davon überhaupt nichts gesagt, die tun's zwar in den Gemeindenachrichten schreiben, dann machen Sie so Wohltätigkeitsveranstaltungen für das 'Haus der Flüchtlinge', aber wie das ausschaut ... wollen sie neu bauen, wollen sie das kaufen, wie groß, da sagt einer das und ein anderer das, und abgesehen von den Veranstaltungen schimpft dann ein jeder einzelne über das 'Haus der Flüchtlinge' ...*

*Aber ich finde, wenn sie eine Wohneinheit machen für drei bis vier Familien, kann man das mit Traiskirchen nicht vergleichen. Die sollen sich einmal so äußern, daß die Bevölkerung weiß, wie sie dran ist, dann wird die auch nicht so verunsichert sein."*

EIN RECHNITZER

*"Gar niemand hat einen da informiert. Die Gemeinde hat das, glaub' ich, gar nicht gewußt, da waren die Flüchtlinge plötzlich da in den Gasthäusern und der Fall war erledigt ...*

*Da hat nie jemand was gewußt, daß Flüchtlinge kommen ...*

*Aus meiner Sicht ist das so gewesen, daß wir nicht informiert wurden, weder von seiten der Gemeinde, noch von irgendwem; sondern auf einmal waren halt Flüchtlinge da, das hat mit wenigen angefangen, und auf einmal war rund um die Pensionen und Gaststätten alles voll mit Flüchtlingen, und da sind viele Dunkelhäutige und Neger, was weiß ich, Albaner, Polen, ... also man hört, daß ungefähr 17 Nationen in Rechnitz vertreten wären ... Ich würde es wünschenswert finden, wenn diese Informationen in den Gemeindenachrichten ..., wenn das Problem offen aufgegriffen würde, wie weit die Gemeinde da Einblick hat; wie weit die Gemeinde da überhaupt integriert ist in so was, weiß ich nicht, oder ob das sowieso bundesstaatlich dirigiert und geführt wird. Aber es wäre sicherlich vielen Kritikern oder auch zu wohlwollenden Einheimischen der Wind aus den Segeln genommen, wenn man konkret sagen könnte, aha, diese, was weiß ich, 30 Leute, die in der Pension sind, die kommen von dort und dort her und sind Wirtschaftsflüchtlinge oder politisch Verfolgte, und jetzt müssen wir die, was weiß ich, die nächsten sechs Monate in Rechnitz beherbergen, die kriegen pro Tag das und das und dann ärztliche Versorgung oder haben keine ärztliche Versorgung, es würden sehr viele Wirtshausgespräche und, was weiß ich, andere Diskussionen weniger emotionell geführt werden.*

*Ja, in der Ungarnkrise sind 250.000 durch Österreich gekommen, und niemand hat sich aufgeregt, jeder hat geholfen. Warum? Die Leute waren informiert und motiviert ... Man sollte also die Österreicher motivieren und die Flüchtlinge integrieren, ... Denn die Österreicher helfen gerne ... da müßte angesetzt werden. "*





## VOM ZUSAMMENLEBEN IN RECHNITZ - EINST VON DER VIELFALT

EINE RECHNITZERIN

*"Also, ich weiß das noch von den Großeltern. Früher war der Kontakt rüber nach Ungarn noch stärker als zu den kroatischen Ortschaften in der Umgebung. Der ist dann aber ganz abrupt abgerissen, und jetzt sagen viele, daß sie sich das nie vorstel-*

*len konnten ..., da ist die Freundschaft von vielen Leuten auseinandergerissen worden. Und wie voriges Jahr der Grenzübergang wiedereröffnet wurde, war das für manche ältere Menschen ein unglaubliches Ereignis, ... der reine Wahnsinn.*

*Jetzt können sie einfach so wie früher wieder rüberfahren, rübergehen ... "*

Eine Rechnitzerin

*"Ich bin jetzt schon sehr lange hier ... Ich habe da hergeheiratet. Wir waren kroatisch. Meinem Mann seine Eltern stammen von Ungarn, aber mein Mann ist in Rechnitz geboren. Ich hab' kein Wort Deutsch können - KEIN WORT! - KEIN WORT DEUTSCH! Wir haben's schon gelernt in der Schule, aber ... zu Haus ist halt Kroatisch gesprochen worden, was soll's. Wir haben damals Ungarisch und Kroatisch gesprochen, ja ...*

*Wie ich nach Wien gekommen bin, war ich 13 vorbei ... Ein Kind! ... Und da hab' ich unter zwei Monate Deutsch gesprochen wie nix.*

*Ja, Ja. Die meisten sind katholisch und es gibt auch Evangelische, ... aber wir sind alle ..., wir vertragen uns alle und das war immer so. Wir haben mehr Kontakt gehabt mit den Evangelischen als mit den Katholischen. Soweit ... Ein Mensch soll man sein, sonst gar nix. Wenn einer ein Mensch ist, wenn einer ein Mensch ist, dann ist das egal, ob einer ein 'Jud' ist oder ein Katholik, oder, oder oder was weiß ich was. Das macht gar nichts. Oh NEIN! Wir sind nicht gehässig. Das gibt es nicht ...*

*Ich wüßte nichts ... gar nichts. Ich habe nichts bereut und ich wüßte gar nicht, was ich anders machen möchte. Ich bin zufrieden. Man ist halt alt geworden, weiter nichts. Das ist halt so im Leben ...*

*Früher? Ja, freilich, wir waren alle sehr gut. Da waren Ungarn in Rechnitz, wissen sie, die was hergeheiratet haben, da waren Kroaten, da waren Juden, wir waren alle eins ...*

*Wir haben da einen Geschäftsmann gehabt am Eck ..., der war ein feiner Mensch, ein feiner 'Jud', ein guter, muß ich ihnen sagen. Wie wir gebaut haben, ... ist mein Mann zu ihm einkaufen gegangen, so harmlos, und erzählt ihm halt. Sagt ihm: 'Jetzt kannst dir vorstellen, wir sollen da was abholen, und ich habe noch kein Geld gekriegt ... von der Bank.´ Was glauben Sie, was er gemacht hat? Er geht zum Telefon und ruft die Rechnitzer Bank an, gebt's dem G. soviel Geld! ... So ein feiner Mensch war das!"*

## DIE GESCHICHTE EINER FLUCHT

### Flucht aus Rechnitz





*"Hier, wo ich wohne, in Buenos Aires, sagen die Nachbarn Senor Juan zu mir. Ich war nicht immer in Argentinien; als Fremder mußte ich mir die spanische Sprache erst mühsam aneignen. Es ist nicht leicht in einem fremden Land, in einem fremden Kulturkreis, in einem anderen Teil der Welt, ein neues Leben zu beginnen. Dank dem Verständnis der Leute hier, habe ich es geschafft.*

*Was ich mit Rechnitz zu tun habe?*

*Ich wurde 1927 in Rechnitz geboren und dort in der römisch-katholischen Pfarrkirche getauft.*

*1938 mußte ich meinen Heimatort mit meiner Familie verlassen. Mein jüngerer Bruder war dreieinhalb Jahre alt.*

*Was haben wir nur getan, daß wir Rechnitz mit einem Lastwagen fluchtartig verlassen mußten?*

*Mein Vater stammte aus Szombathely/Steinamanger, von wo er unter dem Horthy-Regime flüchten mußte.*

*In Rechnitz lernte er meine Mutter kennen. Sie war Jüdin. Nach ihrer Heirat eröffneten sie ein Geschäft in der Judengasse. Dort hatten wir auch unsere kleine Wohnung.*

*Die Geschwister meines Vaters waren nicht glücklich darüber, daß er meine Mutter - eine Jüdin! - geheiratet hat. Sie haben sie nicht gewollt; sie war ´das schwarze Schaf´ in der Familie des Vaters.*

*Mein Vater wurde aber von der jüdischen Bevölkerung respektiert.*

*Die Heirat meines katholischen Vaters mit meiner jüdischen Mutter war ein Einzelfall in Rechnitz.*

*Ich kann mich nicht erinnern, auch nicht von Reden und Erzählungen von meinen Eltern oder Großeltern, daß das je in Rechnitz passiert wäre. Damals war ja sogar eine Ehe zwischen Katholiken und Evangelischen nicht üblich.*

*Auf den verschiedenen Tanzunterhaltungen der Rechnitzer*

*Vereine sind sich Juden und Christen nahe gekommen, Juden waren ja integriert in diese Vereine ... Es waren ein paar jüdische Mädchen, die sind mit Christen gegangen. Aber ´Mischehen´ hat es nicht gegeben. Kinder haben sie schon gehabt, wo die Väter Juden waren - aber die haben nicht geheiratet.*

*Mein Bruder und ich wurden katholisch erzogen. Es gab keine Abgrenzung zwischen Juden und Christen in Rechnitz. In der Judengasse, Herrengasse, Hochstraße und am Hauptplatz wohnten Juden und Christen nebeneinander. Es gab sehr innige Nachbarschaftsbeziehungen. Zu einer Hochzeitsfeier gingen auch die andersgläubigen Nachbarn mit zum Gottesdienst und zum anschließenden Festmahl.*

*In dieser Atmosphäre wuchsen mein Bruder und ich auf. Die jüdischen Kinder gingen entweder in die evangelische oder katholische Volksschule, den Religionsunterricht brauchten sie aber nicht mitzumachen. Da gingen sie zum Kantor Glück, die jüdische Schrift und Religion lernen. Neben der Synagoge hatten sie einen Schulraum.*

*Die Rechnitzer Juden haben sich der Bevölkerungsmehrheit angepaßt. Sie waren nicht streng religiös, denn zu Schabbes gingen die Kinder in die Schule, und die Erwachsenen hatten ihre Geschäfte offen.*

*Es ist ihnen ja auch nichts anderes übriggeblieben. Um aber wenigstens teilweise ihren Glaubensvorschriften und ihren Geschäften nachgehen zu können, hat sich fast jede Judenfamilie eine Haushaltshilfe genommen, vor allem für den Samstag, zum Schabbes. Die Christenfrauen und -mädchen sind diesem Angebot gerne nachgekommen, da sie mit Zucker oder anderen Lebensmitteln belohnt wurden. Am Hauptplatz habe ich einmal der Frau Süßkind an einem Samstag einen Brief geöffnet, und die Frau Holzer hat mich einmal in der Früh gebeten, bei ihr einzuheizen.*

*Neugierig wie wir Kinder waren, sind wir auch öfters in die Synagoge gegangen, auch die Mädchen. Einige Christenbuben waren sogar am Samstag abend eine ganze Stunde im Tempel drinnen.*

*Als Hitler in Österreich einmarschiert ist, und die Nazis auch in Rechnitz die Macht übernahmen, war ich 11 Jahre alt. Aber an diese Ereignisse kann ich mich erinnern, als ob es gestern passiert wäre! Vor den jüdischen Geschäften postierten sich die*

*SA-Männer und befahlen ´Kauft hier nicht ein!´. Da haben sich die Leute dann nicht mehr getraut. Kurz darauf haben sich die Nazis in die Geschäfte gesetzt.*

*Diejenigen Juden, die viel ´dargestellt´, also besessen haben, haben sie eingesperrt, draußen bei der Gendarmerie. Eine Rechnitzer Frau aber hat jeden Abend Essen raus zum eingesperrten Günsberger getragen. Eine besorgte Bekannte hat sie deshalb gewarnt. 'Resl Mam. Wenn's erwischt werden von DIE HITLER, dann werden sie auch fortgeführt. Machen´s das nicht.´ 'Ich gehe´, hat sie gesagt, ´weil bei den Leuten hab ich mein Leben lang mein Brot verdienen können, und jetzt soll ich zuschauen wie der Herr Günsberger Hunger leidet!´. Und sie ist oft bei der Nacht am Abend rausgegangen und hat ihm in der Schürze ein Essen gebracht.*

*Da mein Vater nach den Vorstellungen der Nazis 'Arier´ war, meine Mutter aber Jüdin, nahm sie sich, um den Verfolgungsmaßnahmen der Nazis zu entgehen, Religionsunterricht beim Dechant und ließ sich taufen.*

*Obwohl die jüdische Bevölkerung im April 1938 aus Rechnitz deportiert wurde, konnte meine Mutter hier bleiben. Aber diese Zeit der Angst und Unsicherheit werde ich nie vergessen! Einmal, am 5. September 1938, ging meine Familie mit anderen Rechnitzern nach Mariazell wallfahrten, um zu danken, daß unsere Gebete erhört worden waren.*

*Bis zur Auswanderung ist uns nichts passiert. Der damalige Bürgermeister hat sehr viel geholfen.*

*Im November 1938 wurde uns befohlen, unseren Heimatort Rechnitz innerhalb von drei Tagen zu verlassen.*

*Nicht nur meine jüdische Mutter war den Nazis ein Dorn im Auge, sondern auch mein Vater, weil er früher ein Sozialdemokrat sowie ungarischer Staatsbürger gewesen war.*

*Wir durften unseren Hausrat auf einem Lastwagen nach Szombathely mitnehmen, alles andere wurde enteignet.*

*Aber auch in Ungarn litten wir unter der Verfolgung der Nazis und mein Vater wurde von 1939 bis 1945 in einem Arbeitslager interniert. Eines Tages, 1944, warnte eine Bekannte, die bei der Gestapo arbeitete, meine Mutter, daß sie demnächst abgeholt werden würde. Die Mutter besorgte sich daraufhin falsche Papiere und fuhr mit uns Kindern nach Rábapetova, wo wir uns als deutsche Flüchtlinge ausgaben. - Ein Freund des Vaters lebte dort.*

*Meine Mutter starb 1974, mein Vater 1977.*

*Heute wohne ich in Buenos Aires. Es war nicht leicht in einem fremden Land, in einem fremden Kulturkreis, in einem anderen Teil der Welt ein neues Leben zu beginnen. Dank dem Verständnis der Leute hier habe ich es geschafft."*

Diese Erzählung basiert auf einem Interview mit einem jüdischen Emigranten, der 1938 aus Rechnitz flüchten mußte.

LITERATUR

Asylland Österreich: Zutritt verboten? : Österreichisches Helsinki Komitee (Hg.), Wien 1990

Bari, Ahmad/Josef Bucek/ Waltraud Mayer/: Fremdenangst und Ausländerfeindlichkeit - Gegenargumente, Dr. Karl-Renner-Institut (Hg.), Wien 1990

Lanc, Erwin: Süd-Nordwanderung und Nord-Süddialog, in: Asylrecht ist Menschenrecht. Internationales Symposium in memoriam Christian Broda: RI/ C.E.D.R.I./ ai, Eigenverlag, Wien-Basel 1987, S 86-90

Leuprecht, Peter: Menschenrechte der Ausländer und Asylrecht, in: Asylrecht ist Menschenrecht. Internationales Symposium in memoriam Christian Broda: RI/ C.E.D.R.I./ai, Eigenverlag, Wien-Basel 1987, S 20-27

Münz, Rainer: Integration als einzige Alternative, in: Flüchtlingslos: Steirische EB Informationen 50/1992, S 37-38

Schüller, Helmut: Humanitärer Grundkonsens, in: Gegen Rassismus und Ausländerfeindlichkeit. Dokumentation des 1. gesamtösterreichischen Plenums der Plattform gegen Fremdenhaß: Plattform gegen Fremdenhaß (Hg.), Wien 1992, S 2

Weiss, Walter: Fremde im Land, (kurz & bündig, Band 8), Wien 1990

Georg Gombos

# SPRACHANALYSE - INTERPRETATION VON INTERVIEWTEXTEN "ZWISCHEN NEUGIER UND ANGST: UMGANGSFORMEN MIT FREMDEN IN RECHNITZ "*



## Wirklichkeitswahrnehmung und Lesarten anhand von Interviewausschnitten

Im Zuge der verstärkten Wanderbewegungen kamen und kommen auch Menschen nach Österreich, um hier Schutz vor Verfolgung und Bedrohung, um hier Asyl zu suchen. Sie kommen nach Österreich um hier besser ihre Zukunft gestalten zu können, um hier eine neue Heimat zu finden. Sie stellen ein Asylansuchen, sie suchen Wohnung und Arbeit. Ihre Chancen, integriert zu werden, sind gering: Nur ein verschwindend geringer Prozentsatz der Asylansuchen wird positiv beurteilt, nur ein Teil der Arbeitssuchenden findet Arbeit und bekommt eine Arbeitserlaubnis. Am knappen Wohnungsmarkt sind meist nur die schlechtesten Wohnungen zu überhöhten Preisen zu haben. Den Fremden wird monatelanges, geduldiges Suchen und Warten abverlangt. Einen Großteil der Zeit verbringen viele von ihnen in den Pensionen und Dörfern, in denen sie untergebracht sind.

Rechnitz im Burgenland ist eines der Dörfer in Österreich, in denen Pensions- und Gasthofbesitzer auf die Bitte bzw. das Angebot der Regierung eingegangen sind, Zimmer an die Fremden zu vermieten. Dafür erhalten sie vom Staat einhundertsiebzig Schillinge pro Tag und Flüchtling. Neben Hilfsbereitschaft stellen also finanzielle Anreize einen wichtigen Motivationsgrund dar.

Wir wollten wissen, wie Rechnitzer Bürgerinnen und Bürger die veränderte Situation im Dorf erleben, was sie zu den Fremden im Dorf meinen. Wir haben mit Rechnitzerinnen und Rechnitzern gesprochen und diese Gespräche auf Tonband aufgezeichnet. In diesem Beitrag wollen wir interessante Meinungen wiedergeben und interpretieren. Wir machen dabei keine näheren Angaben zu den Personen (mit Ausnahme des Geschlechts und in manchen Fällen des Alters), um völlige Anonymität zu gewährleisten. Dies auch deshalb, weil wir davon ausgehen, daß wir weder von einzelnen Rechnitzerinnen oder Rechnitzern mit besonderer Meinung, noch verallgemeinernd von "den Rechnitzern" sprechen wollen. Wir interessieren uns in erster Linie für Sprach- und Denkfiguren, die in Rechnitz und vermutlich auch anderswo in Österreich gedacht und gesagt werden können.

Ebensowenig wie es "die Rechnitzer" gibt, gibt es "den Rechnitzer", dessen Einzelmeinung wir hier verallgemeinernd wiedergeben wollen. Wir versuchen vielmehr, die dahinterliegenden Denk- und Sprachfiguren der von uns Befragten herauszuarbeiten. Diese sind in einem gegebenen Moment (etwa am Tage des Interviews) nicht unendlich und nicht beliebig. Die Möglichkeiten, die Wirklichkeit zu beschreiben, sind endlich und ergeben sich aus dem Bewußtseinsstand, dem Wissensstand, der emotionalen Lage der Betroffenen und der kommunikativen Situation. Dabei spielt die individuelle und kollektive Sozialisation eine große Rolle: Mit welchen Bildern über die Fremden ist jemand aufgewachsen? Wie hat man gelernt, mit Fremdem überhaupt umzugehen? Was macht jemandem Angst? Wie geht man mit dieser Angst um?

Die Rolle der Medien im Prozeß der Wirklichkeitsverarbeitung muß gesondert hervorgehoben werden: das Arrangement der Bilder, die wir im Fernsehen sehen und in der Presse vorfinden, beeinflussen unsere Wirklichkeitswahrnehmung ebenso wie Neuschöpfungen in Form von Begriffen (z.B. "Wirtschaftsflüchtling") oder griffigen Metaphern (z.B. "das Boot ist voll").

Die Aussagen der Rechnitzerinnen und Rechnitzer sind nicht typisch "rechnitzerisch", sondern als eine mögliche Variante der österreichischen Wirklichkeitswahrnehmung zu betrachten. Ein Streifzug durch die Presse (vor allem, wenn man nicht nur die kleinformatige meint) würde zeigen, daß es sehr unterschiedliche Wirklichkeitswahrnehmungen gibt, die sich unterschiedlich stark in der Bevölkerung spiegeln dürften.

Die Interviewausschnitte sind zu den Themen unseres Frageleitfadens zusammengestellt, wobei sich die Reihenfolge der behandelten Themen aufgrund der Interpretationen ergibt. Die daraus resultierende Ordnung gleicht der assoziativen

Ordnung der Gedanken unserer Gesprächspartner: Genausowenig wie sie eine in Kategorien gefaßte Meinung wiedergegeben haben, haben wir ihre Äußerungen in einen vorherigen Raster eingefügt. Daher muß die Textordnung als eher zirkulär denn als linear bezeichnet werden: so wie in jeder Äußerung mehrere Themen verknüpft werden, kommen wir immer wieder auf einige Themen zurück, die unterschiedlich beleuchtet werden.

Die Interpretation der Interviewausschnitte erfolgte durch mehrmaliges Lesen, durch Festhalten von Assoziationen, durch Suche nach latentem Sinn in den Aussagen und in den durch sie ausgelösten Assoziationen. Dabei kam mir die Erfahrung mit unterschiedlichen Textinterpretationen zu Hilfe (wie etwa der Volmerg'schen Psychoanalytischen Textinterpretation, der Oevermann'schen Objektiven Hermeneutik, der de Mause'schen Psychohistorischen Textanalyse).

Dem Leser sollen Lesarten der Interviewausschnitte geboten werden: Jede Äußerung macht Sinn. Diesen Sinn - oder besser die verschiedenen Möglichkeiten von Sinn - herauszuarbeiten, ist das Ziel. Dabei sollen verschiedene Lesarten gefunden werden. Als Beurteilungskriterium gilt die Plausibilität einer Lesart. Ein Text - ein Interviewausschnitt ist in diesem Sinne auch ein Text - hat mehr als eine Lesart, mehr als eine Interpretation. Prinzipiell ist jede Interpretation durch eine neue erweiterbar, ergänzbar oder ersetzbar. Hier ist ein Zitat von Richard Geertz hilfreich: er spricht von Kultur als "selbstgesponnenem Bedeutungsgewebe". Die Äußerungen der Befragten zu unserem Thema sind (Teil-)Manifestationen unserer Kultur.

Geertz meint in Anlehnung an den Soziologen Max Weber, *"daß der Mensch ein Wesen ist, das in selbstgesponnene Bedeutungsgewebe verstrickt ist, wobei ich Kultur als dieses Gewebe ansehe: Ihre Untersuchung ist daher keine experimentelle Wissenschaft, die nach Gesetzen sucht, sondern eine interpretierende, die nach Bedeutungen sucht".*
(Geertz 1987: 9)

Das heißt für uns: Wir versuchen, die möglichen Bedeutungen unter der Oberfläche der geäußerten Ansichten und Meinungen hervorzuholen. Dies geht nur, wenn wir diese im Spiegel des gesellschaftlichen und kulturellen Kontextes betrachten.

Im Anschluß an die Interpretationen findet sich eine

Zusammenfassung der Ergebnisse und ein Versuch, herauszuarbeiten, was wir daraus lernen können.

## Zu wenig Information

Aus den Äußerungen der Interviewten entsteht oft ein Bild der Verunsicherung, wobei die Frage der mangelnden Information über die Situation der Fremden im Dorf eine große Rolle spielt. Woher nehmen die Rechnitzerinnen und Rechnitzer ihre Informationen? Wie stark ist der Grad an "organisierter Information", d.h. an Information, die von öffentlichen Stellen - auf Gemeinde-, Landes- oder Bundesebene - oder auch von helfenden Einrichtungen wie etwa der Caritas, dem Roten Kreuz oder ähnlichen Institutionen verbreitet wird. Aus den Interviewaussagen entsteht nachhaltig das Bild, daß keine oder zu wenig Informationsarbeit geleistet wurde, wie an einigen Beispielen gezeigt werden soll:





*"Es ist sicher von den Verantwortlichen ein Fehler, daß sie die Bürger nicht öfters aufklären und besser aufklären, weil irgendwie kommt man sich vernachlässigt vor ..." (A1/5)*

*"Aus meiner Sicht ist das so gewesen, daß wir nicht informiert wurden, weder von seiten der Gemeinde, noch von irgendwem, sondern auf einmal waren halt Flüchtlinge da, das hat langsam oder mit wenigen angefangen und auf einmal war rund um die Pensionen und Gaststätten halt alles voll mit Flüchtlingen, und da sind viele Dunkelhäutige und Neger, was weiß ich, Albaner, Polen, also man hört, daß ungefähr 17 Nationen in Rechnitz vertreten wären." (A2/3)*

Über die inhaltliche Ebene hinaus - daß nämlich die Interviewten meinen, zu wenig Information erhalten zu haben - schwingt auch eine Frustration, eine Kränkung mit, die wohl über den Anlaßfall der Asylanten hinaus Bedeutung hat. Dies kommt in den Äußerungen *"... weil irgendwie kommt man sich vernachlässigt vor ..."* (A1/5) oder *"... und die Gemeinde tut nichts für uns ..."* (A1/7) oder *" ... die Gemeinde tut nichts"* (A3/5) zum Vorschein. In den Äußerungen wird diese Untätigkeit auch mit anderen Themen in Verbindung gebracht, so z.B., daß die Gemeinde zu wenig kulturelle Veranstaltungen organisiert und zu wenig dagegen unternimmt, daß ein Großteil der männlichen Bevölkerung zu seinem Arbeitsplatz nach Wien auspendeln muß.

Es zeigt sich, daß sich aufgrund einer relativ neuen, fremden, ungewohnten, ja sogar Angst machenden gesellschaftlichen Entwicklung ein Bild der Unzufriedenheit, der Vernachlässigung verdichtet, welches zu großen Teilen unabhängig von eben dieser Entwicklung existiert. Diese Entwicklung wird durch die im Dorf untergebrachten Fremden verkörpert. Die Fremden scheinen eine starke Unsicherheit auszulösen. Daher findet das Gefühl der Vernachlässigung durch "die Gemeinde" einen konkreten Anhaltspunkt. Interessant ist, daß hier entpersonifiziert von "der Gemeinde" die Rede ist, obwohl man doch davon ausgehen kann, daß zumindest ein Teil dieser Gemeinde - etwa der Bürgermeister, der Vizebürgermeister oder einige Gemeinderäte - als Personen und auch als Parteienvertreter sehr wohl bekannt sind. Es werden aber nicht einzelne Funktionsträger kritisiert, sondern das anonyme Ganze der "Gemeinde".

Die Kränkung wird nicht der Gemeinde gegenüber zum Ausdruck gebracht, sondern behindert einen offenen Dialog mit Fremden und Personen, die den Fremden helfen wollen (ob als Privatleute oder als Vertreter von Organisationen, Vereinen oder Initiativgruppen). Die Fremden leiden selbst unter einem starken Informationsdefizit: Sie erhalten in der Regel nur die allernotwendigste Information, deren Verarbeitung sie selbst bewältigen müssen. Dabei reicht die Tatsache, daß sie die Information vielleicht rein verbal verstanden haben (z.B. weil es gelungen ist, einen Übersetzer zu finden) noch lange nicht aus, um sicherzustellen, daß sie die Information so verstanden haben, wie sie intendiert war.

Die Reaktionen der Einheimischen, die durch das Informationsdefizit mitbegründet sind, werden von den Fremden oft als diffuse Abwehr, als Ausdruck einer gewissen Ausländerfeindlichkeit wahrgenommen. Es gibt sehr wenig direkte Kommunikationsmöglichkeiten in einer Situation, in der die eine Seite unausgesprochen darauf hinweisen will, daß sie sich vernachlässigt, übergangen und nicht informiert fühlt und sich mit einer Situation konfrontiert sieht, die ihr Angst macht, wobei die Angst durch den weiterhin bestehenden Informationsmangel und die nicht vorhandenen Aussprache-möglichkeiten noch weiter gesteigert wird.

## Fluchtgründe unbekannt

Zum Gefühl der Unsicherheit trägt auch die Tatsache bei, daß die Fluchtgründe der Fremden oft nicht bekannt sind, wie etwa das folgende Zitat zeigt:

> *"Die Leute sind nicht informiert worden, man hat nicht gewußt, wieviele Flüchtlinge da sind, von wo sie kommen und vor allem hat man nicht gewußt, warum sie gekommen sind. Ob sie wirklich nur politisch Verfolgte waren, oder wie sagt man ... Wirtschaftsflüchtlinge."* (A1/2)

Im folgenden Beispiel wird deutlich, daß persönlicher Kontakt zu mehr Wissen über die Lage einer Flüchtlingsfamilie und damit zu einem besseren Verständnis führen kann - wobei dies sicher nicht die Komplexität des gesellschaftlichen Problems mit einem Schlage löst:





> *"Ich könnte es nicht sagen, von Dunkelhäutigen, von Negern und so, ich kann das nur sagen von einer Familie von Serben, von ungarischen Serben, die geflüchtet sind, die sind deswegen geflüchtet, die haben eigentlich einen großen Obst- und Weinbetrieb zu Hause zurückgelassen, der scheinbar auch ganz gut in Schuß war, aber die haben Angst gehabt, daß der Mann und der Sohn in den Krieg gehen müssen und kämpfen müssen und vielleicht fallen könnten, und jetzt sind sie geflüchtet. Aber jetzt ist das große Problem, daß sie kein Asylrecht anerkannt kriegen und na ja, wahrscheinlich werden sie abgeschoben und dann droht diesen Männern eine große Freiheitsstrafe, wenn nicht sogar die Todesstrafe, also sie können nicht zurück, da können sie auch nicht bleiben, das sind recht verzweifelte Leute, die Leute kenne ich persönlich."* (A2/4)

## Flucht ist Verrat

Bei den emotionalen Abwehrreaktionen scheinen zwei Deutungsmuster vorzuherrschen: Das eine sieht die Asylanten unter dem Etikett der "Wirtschaftsflüchtlinge" als eine Gruppe, die sich anmaßt, "zu uns" zu kommen, wo der Lebensstandard (damit ist in erster Linie der materielle Lebensstandard gemeint) höher ist als im Ursprungsland:

> *"Und ich glaube, daß die meisten Asylanten von zu Hause weggegangen sind, weniger aus politischen Gründen, sondern daß die meisten Wirtschaftsflüchtlinge sind, weil die kommen daher und haben konkrete Vorstellungen, ein jeder will als erstes ein Auto. Ein Auto, na ja, weil die*

*haben ja auch einen Fernseher dort unten, und dann sieht er: Haus, Auto und das schöne Leben. Und die kommen daher und erwarten sich das. Man sollte auch die Flüchtlinge schon in ihren Heimatländern aufklären, daß sie hier nicht das kriegen, was sie sich hier erwarten, daß man für das auch hart arbeiten muß - und daß es vielleicht gescheiter wäre, wenn sie zu Hause blieben ... "* (A1/9)

In dem Zitat deutet der Sprecher durch die Formulierung "ich glaube" an, daß er es im Grunde eigentlich nicht genau weiß, was er da behauptet - nämlich, daß die Asylanten aus wirtschaftlichen Gründen kommen und daß ein jeder "als erstes ein Auto" will. Es drängt sich die Frage auf, wer denn heutzutage nicht gerne ein Auto haben will - ob Inländer oder Fremder (ich vernachlässige hier einmal jene, die - etwa aus umweltfreundlichen Überlegungen heraus - bewußt kein Auto wollen). Es scheint auch nicht weiter verwunderlich, daß auch Fremde von einem "Haus, Auto und schönem Leben" träumen und ihre Anstrengungen auf die Erreichung dieser Ziele richten. Wir gehen davon aus, daß alle Menschen Wunschträume - auch wirklichkeitsfremde und utopische - haben, daß aber das Äußern dieser Wunschträume kulturell geregelt ist: In unserer Kultur werden die eigenen Wünsche und Bedürfnisse weitgehend unterdrückt. Zu leicht kann das Äußern von "Träumen" als Maßlosigkeit interpretiert werden. In dieser Situation bieten sich die Fremden als Projektionsfläche an: Sie werden als maßlos erlebt, auf sie wird die Angst und Verlockung, das Maß zu verlieren, projiziert. Die Formulierung *"... daß man für das auch hart arbeiten muß. Und daß es vielleicht gscheiter wäre, wenn sie zu Hause blieben ..."* unterstellt dreierlei: einerseits, daß die Asylanten nicht wissen, daß sie hier hart arbeiten müssen, um etwas zu erreichen, andererseits, daß sie vielleicht gar nicht gewillt sind, hart zu arbeiten und schließlich, daß sie besser "zu Hause" bleiben sollten, wo ihnen die angeblichen - unterstellten - Arbeitsbedingungen bekannt und vertraut sind.

Der Begriff des "Wirtschaftsflüchtlings" impliziert, daß den Fremden unterstellt wird, aus rein wirtschaftlichen Gründen nach Österreich zu kommen, er unterstellt weiters, daß dies eine leichtfertige Entscheidung ist. Vielfach wird das Argument angeführt, die Flüchtlinge sollten zu Hause bleiben und ihr Land aufbauen. So, als ob das ganz einfach wäre, so, als ob das für alle Fremden aus allen Ländern gleichermaßen möglich wäre. Das Verlassen der Heimat, der Bezugspersonen, der Aufbruch in eine ungewisse Zukunft in der Fremde und die damit verbundenen psychischen Belastungen werden weggeblendet. So, als ob es nur darum ginge, in Österreich materielles und persönliches Glück vorzufinden. Die Angst vor dem Teilen, Neidgefühle auf die Fremden schimmern durch.

Die zweite Form der Abwehr besteht darin, daß Unverständnis für die Fluchtgründe signalisiert wird, daß die Flucht als möglicher Verrat gedeutet wird. Dazu einige Zitate: Jener Mann, der einiges über die Fluchtgründe einer ungarisch-serbischen Familie aus persönlichem Kontakt weiß, spricht von "Fahnenflucht":

> *"... auf der einen Seite ist ja der Mann mehr oder weniger ein Fahnenflüchtiger, der sein Vaterland ja im Stich gelassen hat, wie sie ihn gebraucht hätten, mehr oder weniger, andererseits muß ich ihn anerkennen, wenn er das anerkennt oder bewußt versteht, daß das ein sinnloser Krieg ist, wo er nicht freiwillig seinen Kopf hinhalten wird und verlieren will und vielleicht in dieser Panikreaktion die Flucht als das Beste sich vorgestellt hat." (A2/4)*





Das geringe Wissen über die Fluchtgründe reicht nur für ein unzureichendes Verständnis. Dem aus Serbien stammenden Ungarn wird zunächst Verrat am Vaterland unterstellt, dann wiederum wird der Krieg als sinnlos eingestuft und für die "Panikreaktion" der Flucht Verständnis signalisiert. Die ambivalente Haltung deutet darauf hin, daß eine weitere Diskussion über die Situation von Flüchtlingen (in diesem Falle aus dem ehemaligen Jugoslawien) nötig wäre. Dabei ließe sich etwa die Position eines Minderheitenangehörigen näher beleuchten, der auf einmal für ein jetzt serbisches "Vaterland" kämpfen soll. Im Begriff des Vaterlandes schwingt der Glaube an die Autorität des Vaters mit: wer für das Vaterland nicht bereit ist, etwas zu tun, der rückt in die Nähe eines abtrünnigen Sohnes, der die Autorität des Vaters nicht anerkennt. Die politische Situation in Serbien, aber auch in Kroatien zeigt, daß die politische Führung die Rolle der starken Autorität beansprucht und daß Begriffe wie "Vaterland" zum täglich benützten Begriffsrepertoire gehören.

Im Begriff des "Vaterlandes" schwingt auch eine gewisse Entpersonifizierung mit: Es geht nicht um politische Gruppen, die politische Ziele verfolgen und dafür auch bereit sind, Mittel wie einen Krieg einzusetzen, sondern es wird das "Land des Vaters" als die zum Kampf auffordernde Instanz imaginiert. Wir können davon ausgehen, daß - in einem sehr stark nationalistischen politischen Klima - in Serbien das Land der serbischen Väter gemeint ist, wohl kaum aber das Land der ungarischen Väter, die eine Minderheit in Serbien bzw. im ehemaligen Jugoslawien bilden. Daß dieses Argument - nämlich, daß ein Angehöriger der ungarischen Volksgruppe nicht für ein Großserbien sein Leben riskieren möchte - nicht sofort einleuchtet, deutet auf eine tieferliegende Nicht-Akzeptanz der Fluchtgründe hin - es bleibt Unverständnis, Unbehagen, Mißtrauen übrig.

## Ein Patriot arrangiert sich - und flieht nicht

Im folgenden Interviewausschnitt wird das Thema der Fluchtgründe von einer persönlichen Seite angegangen. Der Interviewte wird gefragt, ob er sich eine Situation vorstellen könne, in der er das Land verlassen müßte:

*"Ob ich mir eine Situation vorstellen kann, in der ich mein Land verlassen muß?*
*Ich bin eigentlich ein Patriot, ich würde mich halt bis zu einem gewissen Grad - schaun's, man kann sich mit jedem Menschen arrangieren und man kann sich auch mit jedem Regime arrangieren, da gibt es gar keine Debatte, ich laß mir das nicht einreden, daß es überall so schlecht ist ... Da derf ma halt nicht sagen, der Vranitzky oder der Mock ist ein Trottel, das denk ich mir und sag es halt nicht. Heute kann ich sagen, die Politiker sind Deppen und wenn dann halt ein straffes Regime ist, dann kann man das halt nicht sagen ..., dann arrangiere ich mich, aber geh nicht von meiner Heimat fort. So bin halt ich!"* (A3/7)

Zunächst antwortet der Befragte mit dem Hinweis, er sei *"eigentlich ein Patriot"* und gibt eine erste Definition seines Patriot-Seins: Ein Patriot ist jemand, der sich *"bis zu einem gewissen Grad"* arrangieren würde - auch mit einemautoritären Regime. Er deutet damit an, daß ein autoritäres, ein "straffes" Regime, also eine Diktatur, gar nicht so schlecht sein muß: *"Ich laß mir das nicht einreden, daß es überall so schlecht ist"*. Die Bereitschaft des Befragten, ein diktatorisches politisches System zu akzeptieren fällt auf - er erwähnt die Demokratie mit keinem Wort, sie scheint in diesem Zusammenhang weder erwähnens- noch schützenswert. Er ist in jedem Fall bereit, sich zu arrangieren, d.h. sich mit den Mächtigen zu arrangieren. Die Heimat allerdings würde er nicht verlassen. Die Heimat scheint erwähnens- und schützenswert. Sie wird hier als Lebensraum imaginiert, zu dem man aufgrund der Lebenserfahrung eine spezielle Bindung hat. Die Menschen kommen nicht vor - wenn sie auch vielleicht mitgedacht werden, so haben sie scheinbar nichts mit dem "Regime" zu tun. Eine schöne Heimat, unabhängig vom politischen System scheint vorstellbar, so, als ob die Frage von Menschen- und Bürgerrechten im "Leben in der Heimat" gar keine Rolle spielen würde. Als Beispiel führt der Befragte die Möglichkeit der Politikerbeschimpfung an - so, als ob dies der zentrale politische Unterschied zwischen einer Demokratie und einer Diktatur wäre. Das demokratische Instrument der freien Meinungsäußerung (hier die Beschimpfung) und der Auseinandersetzung (die Klagemöglichkeit des Beschimpften) gerät erst gar nicht in den Blick. Die Welt wird sehr vereinfacht dargestellt, dem Staat werden autoritäre (um nicht zu sagen diktatorische) Züge zugebilligt. Leben in der Heimat wird als "Sich Arrangieren" aufgefaßt. Und von solch einer Heimat geht man eben nicht fort - was heißt, daß die Flüchtlinge eigentlich auch zu Hause bleiben sollten.

Wir bleiben noch einen Moment lang bei diesem Befragten: Im folgenden Interviewausschnitt unterscheidet er zwischen "Negern" und Ungarn bzw. Tschechen, um dann wieder bei der Figur *"ein Patriot bleibt in der Heimat und arrangiert sich"* zu landen:

> *"Die Neger kommen von Afrika über Italien, na dann sollen sie dort bleiben, bei den Ungarn war es selbstverständlich, daß man denen hilft, ebenso Tschechen ..., die Ungarn, akzeptabel ..., 90 Prozent sind sowieso Tachinierer ..."*
>
> *"Was ich täte, wenn ich bedroht werden würde, Angst vor dem Umbringen haben müßte? Ich ginge sicher nicht fort, dann täte ich mich halt nicht äußern, einen Trottel spielen und aus ... beim Hitler war das genauso, der arme Kerl ..., der ist gekommen, hat den Leuten Brot und Him-mel versprochen, und da waren alle dafür, die meisten haben ja nicht gewußt, um was es geht ... und die was gewußt haben, haben sich bis zu einem gewissen Grad auch arrangiert, das mag zwar feucht klingen, ich bin halt ein Patriot, Rechnitz ist schön und Österreich ist auch schön."* (A3/9)

Zunächst erfolgt offensichtlich eine Wertung: Eine Hilfe für Ungarn und Tschechen sei selbstverständlich, während "die Neger" nicht ins Land sollten - die sollten am besten in Afrika bleiben. Obwohl er die Ungarn als "akzeptabel" noch einmal erwähnt, wertet er sie dennoch gleich im nächsten Halbsatz wieder ab: 90 Prozent seien "sowieso Tachinierer", die nur des Verdienstes wegen herkämen. Es bleibt unklar, wen er eigentlich mit "Ungarn" meint und auf welche Zeit er sich bezieht. Der große Flüchtlingsstrom aus Ungarn fand 1956 statt, während jetzt so gut wie keine Ungarn Asylanträge stellen, allerdings eine nicht näher bekannte Anzahl von ihnen derzeit in Österreich arbeitet. Zu niedrigen Löhnen, zum Wohle der österreichischen Wirtschaft, der österreichischen Arbeitgeber und zum Nachteil der österreichischen Arbeitnehmer. D.h., für viele Ungarn in grenznahen Regionen stimmt der Halbsatz "nur der Verdienst" durchaus; diese Personen aber als "Tachinierer" zu bezeichnen, ist eine pauschale Abwertung.

Hier wird eine Hierarchisierung der Menschen vorgenommen: Sie werden in gut - weniger gut - schlecht eingeteilt. Ganz oben an der Spitze der Hierarchiepyramide sieht sich der Befragte als Inländer selbst, ganz unten werden "Neger" (daß dieser Ausdruck diskriminierend ist, wird im besten Fall nicht wahrgenommen, im schlechtesten Fall bewußt intendiert) angesiedelt. Aus anderen Interviews wissen wir, daß auch die ´Zigeuner´ ganz unten in der Bewertungsskala rangieren. An einer anderen Stelle bezeichnet der zuletzt Zitierte die Rumänen als "die schlechtesten" (A3/1,2).

Wie reagiert der Befragte nun auf die Frage, was zu tun wäre, wenn es um Leben oder Tod ginge? Er bezieht die Frage offensichtlich direkt auf sich und versichert sogleich, er *"ginge sicher nicht fort"*. Er scheint auch die Lebensbedrohung von sich zu weisen, indem er seine Anpassungsfähigkeit erklärt: notfalls würde er sich *"halt nicht äußern, einen Trottel spielen"*. Unausgesprochen scheint er das auch von den Flüchtlingen zu verlangen - die müßten nur weg, weil sie sich äußern, weil sie nicht einen *"Trottel spielen"*. Andere Fluchtgründe, wie etwa Krieg, kann er sich anscheinend nicht vorstellen - oder besser: will er sich gar nicht vorstellen. Nun folgt ein interessanter Exkurs: Der Befragte stellt eine Parallele zur Zeit des Nationalsozialismus her: *"Beim Hitler war das genauso, der arme Kerl ..."*. Wenn wir hier einmal innehalten und zu deuten versuchen, was der Befragte damit meinen könnte, drängt sich die Assoziation auf, daß der Text als 'beim Hitler hat man sich halt auch nicht äußern dürfen und einen Trottel spielen müssen' gedeutet werden kann. Mitleid mit Hitler scheint mitzuschwingen, wobei einerseits unklar bleibt, warum man Hitler als *"armen Kerl"* bezeichnen sollte, andererseits diesem Halbsatz Ungeheuerlichkeit anhaftet, wenn man die historische Rolle von Hitler kennt.

Lesen wir den Interviewausschnitt nun weiter, so folgt eine Kurzdarstellung der Zeit des Nationalsozialismus aus der Sicht unseres Befragten. Hitler wird als Verführer dargestellt, der den Leuten *"Brot und Himmel"* versprochen hat, was man ja noch als durchaus kritische Einschätzung deuten könnte. Es folgt allerdings eine bekannte Argumentationsfigur: *"Die meisten haben ja nicht gewußt, um was es geht."* Jetzt folgt allerdings eine überraschende Wende: *"Und die was gewußt haben, haben sich bis zu einem gewissen Grad arrangiert, das mag zwar feucht klingen, ich bin halt ein Patriot, Rechnitz ist schön und Österreich ist auch schön."* Überraschend ist die Wende, weil er bisher dafür argumentiert hat, sich zu *"arrangieren"*, den *"Trottel zu spielen"*. Jetzt sagt er völlig unkritisch, daß Personen *"die was gewußt haben"*, das heißt, über die Ziele der Nationalsozialisten, über ihre Verbrechen Bescheid wußten, sich auch *"bis zu einem gewissen Grad arrangiert haben"*.

Der Nebensatz *"das mag zwar feucht klingen"* scheint anzudeuten, daß ihm klar ist, daß der Nationalsozialismus und die vielen, die sich arrangierten, großes Leid über andere gebracht haben. Gleichzeitg ist diesem Halbsatz ein Gestus des Wegwischens, des Bagatellisierens zu eigen. Das bisher Gesagte wird noch mit dem Hinweis *"ich bin halt ein Patriot, Rechnitz ist schön und Österreich ist auch schön"* abgerundet. Wenn wir den Text nun gegenlesen, so bekommen wir die Definition eines Patrioten aus der Sicht des Befragten: Ein Patriot ist jemand, der unter allen Umständen zu Hause bleibt, der sich mit den Mächtigen, auch mit einer Diktatur *"arrangiert"* und daher auch nichts zu befürchten hat, einer der bereit ist, seine Augen, Ohren und seinen Mund bei wahrnehmbaren Verbrechen zu verschließen und der bereit ist, einen *"Trottel"* zu spielen. Daß dieses Verhalten wesentlich zur Entstehung von totalitären und faschistoiden Regimen beiträgt, wird genauso weggeblendet wie die Tatsache, daß Bürger- und Menschenrechte verletzt bzw. aufgehoben werden und eine freie Meinungsäußerung unmöglich wird. In den Aussagen des Befragten taucht nirgends der Begriff der Demokratie auf.

Im Nachsatz erfahren wir noch, daß ein Patriot auch seine nähere Heimat schön zu finden hat (*"Rechnitz ist schön") und* auch den Staat, in dem er lebt *("Österreich ist auch schön").* Als *"Patriot"* hätte der Befragte damals dann allerdings auch für die Erhaltung der Eigenstaatlichkeit Österreichs kämpfen müssen.

Die starke Abwehr des Befragten gegenüber der Aufforderung, sich mit der Lage der Flüchtlinge auseinanderzusetzen, kommt auch in folgender Aussage zum Ausdruck:

> *"... es gibt ja heute fast keine politischen Flüchtlinge und Verfolgte, was soll der Scherz, die Tamilen kommen, weil ihnen fad ist. Ein jeder glaubt, bei uns in Österreich fliegen die ´Gebratenen´ herum."* (A3/3)





Der Befragte weist die Tatsache, daß es politische Flüchtlinge und Verfolgte gibt, von sich, ja, er bezeichnet dies sogar als *"Scherz"*, so als ob es eine Zumutung wäre, deren Existenz überhaupt ernst zu nehmen. Als Beispiel führt er die Tamilen an, die *"kommen, weil ihnen fad ist"*. Die Tamilen haben seiner Meinung nach sozusagen nichts anderes zu tun, als rund um den Erdball zu fliehen. In dieser Aussage spiegelt sich am deutlichsten die Verweigerung des Befragten, sich ausführlicher mit dem Problem auseinanderzusetzen, wider.

Es ist anzunehmen, daß eine solche Meinung von den Befürwortern vor allem in ihrer emotionalen Bedeutung und nicht in ihrer rationalen Bedeutung verstanden wird. Die emotionale Bedeutung kann folgendermaßen umschrieben werden: "Ich will mit dem Problem, mit den Menschen und ihren Schicksalen nichts zu tun haben, ich fühle mich emotional bedroht, mein Selbstbild, mein Weltbild, meine Selbstschutzmechanismen könnten ins Wanken geraten." Das stellt ein mögliches Sprachmuster dar, mit dem Menschen sich zu den gesellschaftlichen Änderungen, im speziellen den neuen Wanderungsbewegungen äußern. Darüber, wie weit verbreitet solche Äußerungen sind, können wir keine Aussagen machen.

Die Äußerung, *"ein jeder glaubt, bei uns in Österreich fliegen die ´Gebratenen´ herum"*, verweist wieder auf die Weigerung, Fluchtgründe wahrzunehmen und anzuerkennen. Die Asylanten werden eher als reine "Wirtschaftsflüchtlinge" dargestellt.

Im folgenden Ausschnitt wird eine Variante des 'gebratenen Hühner' - Themas geäußert, wobei besonders auf die 'Jungen' hingewiesen wird:

## Die jungen Fremden

*"Und die Leute verlassen deswegen ihr Land, glaube ich doch, weil es sich die meisten Jungen zu leicht vorstellen. Sie glauben, der 'goldene Westen', also daß der verlockend ist, daß man da hinfahrt und da fallt das Brot in den Schoß, ich glaube schon, daß dieser Gedanke eine wesentliche Rolle spielt. Und erst in zweiter Linie, daß in ihrem eigenen Land keine Zukunftschancen sind."* (A2/5)





Wer einmal im Osten war (früher begann der Osten an der östlichen Grenze von Österreich, heute dürfte er an der östlichen Grenze von Ungarn beginnen) kann einigermaßen nachvollziehen, daß dem Osten der Westen in vielerlei Hinsicht als "golden" erscheinen muß. Daß soziale Sicherheit und hoher Lebensstandard erreicht wurden, ist unbestreitbar. Wie dies zustandegekommen ist, wird kaum diskutiert. Wieviel das etwa mit der Ausbeutung von billigen Ressourcen aus Dritte-Welt Ländern zu tun hat, kommt genausowenig in den Blick, wie die Anstrengungen und Opfer einer modernen westlichen Gesellschaft, die im Kreislauf von Produktion und Konsumation gefangen ist. In den Produkten einer modernen Konsumgesellschaft (den "gebratenen Hühnern") spiegelt sich kaum die Arbeits- und Organisationsleistung wider, die zu ihrer Herstellung nötig ist. Davon können aber diejenigen erzählen, die sich in diesem Arbeits- und Konsumationsprozeß redlich bemühten, ihren Lebensstandard zu verbessern, ihre Arbeitsplätze zu sichern, ihre Kinder zu erziehen und ihnen Bildungschancen zu eröffnen. Es entsteht scheinbar Neid auf diejenigen, die glauben *"da fallt das Brot in den Schoß"*. Es entsteht eine Eifersucht auf jegliche Starthilfe für Asylanten. Man fühlt sich mit seinem "Schweiß" und seinen "Tränen" der letzten Jahrzehnte vielleicht nicht wahrgenommen. Dabei werden der Staat und karitative Organisationen als mächtige Elternfiguren erlebt, die dem Nachbarskind etwas schenken, was man sich eigentlich selbst für seine Tüchtigkeit und Ordentlichkeit verdient hätte.

Die beschriebene emotionale Reaktion kann eine Änderung erfahren, wenn es zu direkten Kontakten mit Fremden kommt: Durch das Kennenlernen findet Angstabbau statt, die Notlage der Fremden wird nachvollziehbarer und auch spürbarer, und es kommt viel eher zu einer Hilfestellung. Bei einer Hilfeleistung ändert sich die Interaktion: Der Helfer entscheidet selbst über die Art und die Höhe seiner Hilfe, er fühlt sich nicht mehr als benachteiligter Zuschauer ("als Kind gegenüber Papa Staat"), er hat mehr Kontrolle über das Geschehen.

## Die alten Einheimischen

Bei den Reaktionen auf die sogenannte "Ausländerdebatte" ist generell festzustellen, daß bei vielen Menschen ein hohes Gekränktheitspotential vorhanden ist, welches sich aus den individuellen und kollektiven Erfahrungen im Rahmen der gesellschaftlichen Veränderungen der letzten Jahrzehnte angesammelt hat und anhand des Themas "Ausländer" nun komprimiert seinen Ausdruck findet.

Die "Alten", die "Pensionisten", die "Mindestrentner" werden als Beispiel, als Identifikationsobjekt angeführt: Ihr Schicksal soll belegen, daß einerseits die "gebratenen Hühner" nicht herumfliegen und daß man andererseits auch nach einem arbeitsreichen Leben nicht unbedingt ausgesorgt hat, ja sogar bedürftig bleiben kann:

*"... also ich kann die alten Männer schon verstehen, weil die kriegen ein jeder eine Pension von 5.000 Schilling, der hat sein Leben lang gearbeitet und ein Flüchtling, der kriegt wesentlich ..., also das Dreifache, ist ja klar, daß der z´wider ist."* (A3/2)

Die Absurdität der Aussage, Flüchtlinge bekämen bis zu 15.000 Schilling im Monat vom "Vater Staat" (tatsächlich bekommt ein Flüchtling 400 Schilling pro Monat) spielt anscheinend eine untergeordnete Rolle. - Es geht vielmehr um die Untermauerung der These "unser Vater Staat macht zuviel für die Flüchtlinge". Das heißt aber auch: Vater Staat macht zu wenig für uns, wir hätten mehr Aufmerksamkeit und (materielle) Zuwendung verdient. Der Staat wird als Familienoberhaupt im patriarchalischen Sinne imaginiert. Daß dieser Staat auch die Form einer Diktatur (d.h. des strengen, autoritären Vaters) für den Befragten annehmen kann, haben wir bereits gesehen.

Das Gefühl der Benachteiligung wird im nächsten Ausschnitt direkt ausgesprochen, wobei zunächst verallgemeinernd von "der Bevölkerung" gesprochen wird und anschließend die "Mindestrentner" als beispielgebender Teil hervorgehoben werden:

*"Aber nur monatelang oder gar ein Jahr lang da rumsitzen und nichts tun, das ist schon ein großes Ärgernis für die Bevölkerung. Und die Mindestrentner fühlen sich benachteiligt, das weiß ich, weil meine Mutter ist auch eine; sie und ihre Freundin, die regen sich furchtbar auf, daß sie nur die Mindestrente haben, obwohl ihre Männer die ganze Zeit gearbeitet haben und immer versichert waren, und die kommen daher, werden versorgt, kriegen auch noch ein Taschengeld und brauchen nichts tun. Und alte Leute haben von Haus aus Angst, und überhaupt einem fremden Menschen gegenüber noch mehr, so daß' zusperren, daß ja niemand reinkommt und ihnen was tut."* (A1/9)



## Die jungen, starken Fremden



In zahlreichen Interviews tauchte das Bild der auf den Parkbänken sitzenden jungen, männlichen Ausländer auf:

*"Nur ist es unangenehm, wenn man halt, z.B. einkaufen geht oder in die Kirche, das ist halt von meiner Sicht aus, ... und die sitzen auf den Bankerln, und die schauen einem blöd nach und pfeifen, man versteht ja nicht, was sie reden, aber das ist irgendwie ein Spießrutenlaufen, und was mich ärgert ist, daß es vor allem junge, kräftige Lackeln sind, ja, die was da hätten zu Hause bleiben sollen und arbeiten sollen, weil die Frauen und die Kinder haben sie alle zu Hause gelassen, es sind ja nur die Männer da. Meistens sind nur die Männer da, es sind ganz wenige Familien mit Kindern da, ich weiß nicht genau wieviele, vorwiegend sind nur Männer da."* (A1/3)

Die Befragte spricht zwar anfänglich in "man"-Form, meint aber offensichtlich sich selbst *("halt von meiner Sicht")*, sie beschreibt das Benehmen der Personen auf den *"Bankerln"* als *"blöd"*. Die emotionale Qualität des Wortes *"blöd"* und der spätere Vergleich mit einem "Spießrutenlaufen" verdeutlichen, daß die Befragte diese Situation als unangenehm empfindet. Sie bekennt ihren Ärger über die *"jungen, kräftigen Lackeln"*, die ihre Kraft zu Hause bei ihren Frauen und Kindern investieren sollten. In der Folge weist sie zweimal daraufhin, daß *"nur die Männer da"* sind.

In diesem Interviewausschnitt schimmert neben dem geäußerten Ärger auch eine gewisse Faszination durch. Auch die Äußerung, die Männer *"hätten zu Hause bleiben sollen"* ist in diesem Zusammenhang nicht unbedingt als eine Zurückweisung zu deuten. Vielmehr drängt sich mir eine Assoziation aus dem Dorfleben auf, wo sich die Dorfjugend am Sonntag am Dorfplatz versammelte (jedenfalls war das früher so). Dabei wurden Kontakte zwischen den Geschlechtern auf verschiedene Art gesucht und geknüpft - wohl auch so, daß sie von den Mädchen als "Spießrutenlaufen" empfunden werden konnten. Freude und Ärger sind dabei mögliche Ausdrucksformen von Angst und Neugier, von Nähe- und Distanzwünschen.

Bei der Befragten herrscht Ärger vor, den sie mit der Annahme begründet, daß die Männer ihre Frauen und Kinder in Stich gelassen hätten. Diese Annahme ist nicht weiter überprüfbar, aber jedenfalls in ihrer Allgemeinheit zu bezweifeln. So ist bekannt, daß Teile der Asylwerber von ihren Familien getrennt sind und sich um eine Zusammenführung bemühen.

Im folgenden Ausschnitt bringt dieselbe Befragte ihren Ärger auch mit ihrer Verpflichtung, arbeiten gehen zu müssen, in Verbindung:

> *"... das ärgert mich so, wenn ich in der Früh arbeiten fahre, da sitzen die jungen Männer schon um 6 Uhr früh am Bankerl, dort bei der Kirche, na ja, eine Zigarette in der Hand, grinsen selbstgefällig, und wir müssen arbeiten gehen (lacht). Die werden vom Staat erhalten, und das sind aber die Leute, die was ein bis zwei Jahre da sind, die man immer wieder sieht, immer wieder die gleichen Gesichter."* (A1/4)

Die Situation der Männer, die um sechs Uhr früh am *"Bankerl"* sitzen, wird als für die Betreffenden angenehm dargestellt, sie werden als gutgelaunt *("grinsen")* und als "selbstgefällig" erlebt. Demgegenüber wird die eigene Situation als eine unangenehme, weil Arbeitsdisziplin einfordernde, beschrieben und erlebt. Aus diesem Kontrast und dem daraus entstehenden Neid resultiert der Ärger. Die Bemerkung *"und wir müssen arbeiten gehen (lacht)"* kann auch als Wunsch gesehen werden: "Ich hätte auch gern viel Zeit und wäre auch gern gutgelaunt und selbstgefällig und würde auch gern am Bankerl sitzen". Daß die Befragte lacht, deutet darauf hin, daß sie die Situation auch ironisch sieht. Das früher geäußerte "unangenehme" Gefühl ist hier nicht mehr spürbar, auch keine Angst vor den "jungen Männern" - nur mehr ein Ärger, der sich aus der so unterschiedlichen Situation der Frau bzw. der Männer ergibt.

Am Ende des zitierten Interviewausschnittes scheint wieder der Neid auf "Vater Staat", der nicht seine eigenen, sondern "fremde Kinder" erhält, durchzuschimmern. Auch in dieser Sequenz ist das emotionale Erleben stärker als eine rationale Überlegung. Dies wird an dem Widerspruch deutlich, daß die Befragte meint, die von ihr gesehenen Männer würden "ein bis zwei Jahre" da sein. Nur in Ausnahmefällen bleiben Asylwerber so lange an einem Ort. Allerdings sind sie oft tatsächlich für Monate aufgrund fehlender Aufenthalts- und Arbeitsgenehmigung zum "Nichtstun" verurteilt: Wenn man keine Aufenthaltsbewilligung hat, bekommt man keine Arbeitsbewilligung, wenn man keine Arbeitsbewilligung hat, bekommt man keine Aufenthaltsbewilligung.

Aus Gesprächen mit Asylwerbern wissen wir, daß die ungewisse Zukunft, die geringe Aussicht auf Arbeit und Wohnung, die Unterbringungssituation, die sprachliche Isolation und Kontaktarmut sowie die Einsamkeitsgefühle aufgrund der Trennung von der Familie zu einer schweren psychischen Belastung führen können. Depressionen und Schlaflosigkeit sind oft die Folgen. So betrachtet, scheint es eher unwahrscheinlich, daß es oft zu ähnlichen Szenen mit "grinsenden" und "selbstgefälligen" Asylanten kommt, wie im Interviewausschnitt beschrieben wird. Die entscheidende Frage - wie bei jeglicher menschlicher Kommunikation - ist aber: Wie wird die Situation erlebt? Und nicht: Wie war es wirklich?.





## Fremdenangst, nicht Ausländerfeindlichkeit

In dem zuletzt zitierten Interviewausschnitt war ein Stück weit auch Neugier zu verspüren. Neugier ist eine mögliche Form der Reaktion auf Neues, Fremdes. Der Ethnopsychoanalytiker Mario Erdheim spricht vom "Bild des Fremden zwischen Exotismus und Xenophobie" (Erdheim 1990: 104), wobei Exotismus für die Neugier, für das Anziehende und Begehrenswerte am Fremden steht und Xenophobie oder Fremdenangst auf eine Reaktion hinweist, bei der der Fremde bzw. das Fremde als bedrohlich, unheimlich oder furchterregend erlebt wird.

Im folgenden längeren Ausschnitt kommt eine ältere Frau zu Wort. Dabei bringt sie ihre angstvollen Emotionen anhand der "klassischen" Themen in der sogenannten "Ausländerdiskussion" zum Ausdruck: Arbeitslosenproblematik, Kriminalität, Einfluß der Medien, Hinweis auf eigene, minderbemittelte Bevölkerungsgruppen, Hinweis auf eigenes Verhalten nach dem Zweiten Weltkrieg und schließlich: das Selbstbild als nicht-ausländerfeindlich. Hier das Zitat:

> *"Was man da tun soll?*
> *(Räuspert sich mehrmals, schweigt sehr lange, dann sehr heftig) Wir haben ja selber Arbeitslose genug! Und in Wien, man kann ja nicht in Frieden ..., nur EINBRECHEN und EINBRECHEN und MORDEN und MORDEN (schlägt bei jedem Wort laut mit der Faust auf den Tisch) und was weiß ich was - und, und, und meistens Ausländer! (überzeugt) Na, was ist denn das? Wenn ich da her will, ich daher flüchten will, da darf man sowas nicht machen! Ist's wahr oder nicht? ... Nein! ... (Jetzt leiser:) Jeden Tag liest man in der Zeitung, ... alles nichts als: GELD! GELD! Tja, mein Gott, dann gehen sie ja auch betteln ... Da war jetzt ein Bursch da von Rumänien: 'Geld! Geld!' Sag ich: 'Meine Kinder müssen alle arbeiten und ich soll ihm ein Geld geben? VON MEINER KLEINEN RENTE!' (Sehr lange Pause, dann sehr aufgebracht, hervorbrechend:) Tja, die sollen z'haus gehen, um Gottes Willen! Na, net? Wir müssen ja auch da sein! Wir haben auch nix gehabt nach dem Krieg. ... NIX! ... Und ... und alle, und alle haben geschaut und haben aufgebaut und ... Die verlangen nur ... von da ein Geld! Ja, mein Gott und Herr, was soll das Land noch alles tun? Die tun eh' genug! Ich sag: JA, die sollen z'haus bleiben! ... Uns wär' nicht eingefallen, von daheim weg! Und, und, und die tun, als wenn sie, als wenn sie eh' schon z'haus wären, ja ich traut' mich das gar nicht, woanders in einem anderen Land, ICH NICHT! Wenn ich in einem anderen Land bin, da traute ich mich nicht so rühren wie die da, bestimmt nicht! Aber die kennen da nix. Ich bin ihnen nicht feindlich, im Gegenteil, oh nein."* (A4/7)

Die Befragte erwähnt das Problem der Arbeitsplätze. Dieses Problem existiert tatsächlich, hängt aber nicht direkt mit der Anzahl der Fremden im Land zusammen. Einerseits braucht die Wirtschaft die Fremden, andererseits versucht man mit ihnen die Spirale der Profitmaximierung weiterzudrehen. Das ist systemimmanent: Jeder Unternehmer muß ständig trachten, seine Lohnkosten möglichst niedrig zu halten, um konkurrenzfähig zu bleiben. Für Unternehmer, aber auch für Gewerkschafter spielt die Kategorie "Fremder" erst in zweiter Linie eine wichtige Rolle. In erster Linie geht es um den Menschen als Arbeitskraft, erst in zweiter Linie um die Kategorie "Fremder". Und auch da vorerst nicht aus ethnischen oder gar nationalistischen Überlegungen heraus, sondern aus Gründen der Steuerung: Über die Kategorie "Ausländer" kann man den Zustrom von Arbeitskräften neu regeln. Es gibt Diskriminierungen, das heißt es wird unterschieden. Der Zugang zum Arbeitsmarkt wird für sogenannte "Inländer" und sogenannte "Ausländer" unterschiedlich geregelt, beide Gruppen verfügen über unterschiedliche Rechte.

Unsere Gesellschaft produziert Angst - unter anderem die Angst, durch Rationalisierung und Computerisierung arbeitslos zu werden, nicht mehr gebraucht zu werden. Viel von dieser Angst wird stellvertretend den Fremden aufgebürdet, so als ob die Arbeitsplatzprobleme gelöst wären, wenn wir keine Fremden im Land hätten.





Die Befragte spricht auch das Thema der Kriminalität an und verweist selbst indirekt auf den Einfluß der Medien, die nach dem Motto "only bad news are good news" (also: nur schlechte Nachrichten sind gute Nachrichten) für den täglichen Nervenkitzel sorgen.

Die vorher zitierte Befragte, die sich über die *"jungen, starken Männer"* auf den *"Bankerln"* geärgert hat, erlebt die Situation in Rechnitz als sicher, bei ihr ist keine Angst zu spüren:

> *"Ob die Kriminalität durch die Asylanten gestiegen ist?*
> *Nein, ich glaube nicht, ich habe eigentlich nichts bemerkt, daß irgendwas schlechter geworden ist, man kann ungehindert in Rechnitz gehen, es passiert überhaupt nichts, und meinen Kindern ist auch noch nie was passiert, auch am Abend nicht, wir wohnen neben dem Park, wir können durch den Park gehen ohne Angst zu haben. Obwohl die Flüchtlinge vor allem im Sommer auf jedem Bankerl sitzen, ... sie tun nichts, sie schau'n zwar blöd nach und pfeifen nach, aber wenn man sie nicht beachtet, tun sie einem nichts - und daß eingebrochen wird, glaube ich, hängt bei uns auch damit zusammen, daß der Eiserne Vorhang nicht mehr da ist, da glaube ich, sind mehr die 'Tagesdiebe' unterwegs. Die, die mit den PKWs kommen und dann wieder verschwinden."*
> (A1/2)

Zwei Aspekte aus dem vorletzten längeren Interviewausschnitt seien noch näher betrachtet: zum einen der "Vitalitätsneid" und zum anderen das Selbstbild als nicht-ausländerfeindlich.

Mit "Vitalitätsneid" meine ich die Mischung aus Ärger, Verwunderung und Neid über das imaginierte Verhalten der Fremden: *"Und, und, und die tun, als wenn sie, als wenn sie eh´ schon z´haus wären, ja ich traute mich das gar nicht, woanders in einem anderen Land, ICH NICHT! Wenn ich in einem anderen Land wäre, da traute ich mich nicht so zu rühren, wie die da, bestimmt nicht! Aber die kennen da nix."* Wir nehmen an, daß hier auch die Bedrohung durch die vitale Jugend - in diesem Falle verkörpert durch die Fremden - im Gegensatz zum eigenen Altern angesprochen wird.

Wir haben bereits darauf hingewiesen, daß für die Fremden ihre neue, oft unüberschaubare und aussichtslos scheinende Situation eine große Belastung darstellt und sie selbst ihr Verhalten wohl kaum mit ähnlichen Worten beschreiben würden. Ganz abgesehen davon, daß sie ja tatsächlich versuchen, hier ein neues zu Hause zu finden.

Nach diesem emotionalen Ausbruch versichert die Befragte noch, daß sie den Fremden "nicht feindlich, im Gegenteil" gesinnt sei. In diesem Falle wäre der Begriff der Fremdenangst (Xenophobie) sicher angebrachter als der Begriff der Ausländerfeindlichkeit. Letzterer impliziert auch eine gewisse, gegen Fremde gerichtete Handlungsbereitschaft, während der Begriff der Fremdenangst hier klarer die Angst anspricht. Problematisch bleibt, daß der Eindruck entsteht, es handle sich immer nur um Angst vor Fremden, also vor Menschen aus anderen Ländern.

Wir leben in einer Gesellschaft von "Fremden", es gibt längst keine überschaubaren Gruppen mehr, denen wir über längere Zeit hinweg angehören. Wir sind eher damit beschäftigt, ständig Bezugsgruppen zu bilden, zu stabilisieren, zu erhalten - sei es in der Familie, im Betrieb, im Sport- oder Hobbyclub. Wir leben allerdings auch mit dem Bewußtsein, daß sich alles schnell ändern kann: Scheidung, Arbeitsplatzwechsel und, damit verbunden, Verlust oder Wechsel von Bezugsgruppen sind Erfahrungen, mit denen der Mensch in der modernen Gesellschaft konfrontiert ist. Flexibilität, das Umstellen auf neue Situationen werden uns abverlangt und erzeugen leicht das Gefühl von Überfordertsein und Angst, Angst vor Neuem, vor

Fremdem. Viel von dieser Angst wird stellvertretend auf die Fremden projiziert. Daher scheint es sinnvoller, von der "Angst vor dem Fremden" zu sprechen, als von Fremdenangst oder Fremdenfeindlichkeit bzw. Ausländerfeindlichkeit. Es dürfte Menschen auch leichter fallen, Angst vor Fremdem und Fremden zu thematisieren, als über die eigene "Ausländerfeindlichkeit" zu sprechen. Die Menschen erleben sich nicht als "ausländerfeindlich", auch wenn der außenstehende Betrachter sich vielleicht dieses Eindrucks nicht erwehren kann.

## Die "gewissen Gelüste"

Auch hinter der angedeuteten Bereitschaft zur Gewaltanwendung gegen Fremde steckt noch Angst. Bei den Interviewausschnitten des oben zitierten "Patrioten" ist die latente Gewalt spürbar und die Kategorisierung seines Verhaltens als latent fremdenfeindlich drängt sich auf:





> *"Man sieht ja im Endeffekt bei den Wahlen trotzdem den Enderfolg ..., Gott bewahre, ich war nicht einmal ein guter Soldat, und ich will keinen Krieg, und ich hab´ bis jetzt auch keine Waffe und nichts, aber ich glaub' den Leuten das schon, daß da wieder so gewisse Gelüste kommen ..."* (A3/4)

Weiter oben haben wir gezeigt, daß der Befragte sich Diktaturen gegenüber völlig unkritisch äußert - hier bezweifelt er den "Enderfolg" von Wahlen, ohne dies näher auszuführen. In weiterer Folge kommt er vom Thema der Wahlen als Konfliktlösungsmittel zum Thema des Krieges, wobei er folgende Schlüsselwörter verwendet: Soldat - Krieg - Waffe - Gelüste. Er war "nicht einmal ein guter Soldat". Es fragt sich, was ein "guter Soldat" Friedliches zur Konfliktbearbeitung beitragen könnte. Daß er *"bis jetzt auch keine Waffe"* hat, klingt wie eine kaum verhohlene Drohung. Die *"gewissen Gelüste"* führt er nicht weiter aus - Begriffe wie Mordgelüste, Aggressionsgelüste drängen sich auf. Er lokalisiert diese *"gewissen Gelüste"* bei "den Leuten", spricht nicht von sich selbst. Der martialische Text stammt aber von ihm, entspricht seiner Bewußtseinshaltung. An einer anderen Stelle sagt er:

> *"Also eines muß ich schon sagen, daß die Leute immer radikaler werden, weil das in den Leuten trotzdem drin ist ..."* und:

*"Der Mensch laßt sich immer ein bisserl mehr gefallen, so wie halt gewisse sind ..., der will halt dann immer ein bisserl mehr, bis es halt dann nicht mehr geht - es ist fast schon so weit - wie die Leute sagen, daß sie sich bald nicht viel mehr gefallen lassen punkto der ganzen Sache."* (A3/5)

Hier entwickelt der Befragte eine Theorie zur Rechtfertigung der *"gewissen Gelüste"*, das heißt der von ihm wahrgenommenen und wohl auch mitproduzierten Stimmung latenter Gewalt: *"weil das in den Leuten trotzdem drin ist"* soll meinen, daß Menschen einfach so sind. Die Gewaltandrohung und die Folgen von Gewaltanwendung werden negiert. Die "Leute", die Nicht-Fremden werden als gutmütig, als zu gutmütig beschrieben. Es wird nicht weiter ausgeführt, was geschehen soll, wenn *"sich die Leute bald nicht viel mehr gefallen lassen punkto der ganzen Sache."* Dennoch ist diese Äußerung als kaum verhohlene Drohung zu interpretieren.

Im letzten Interviewausschnitt wird der Zusammenhang von Bedrohtheitsgefühlen und Drohgebärden sichtbar: die oben geäußerten Drohungen sind das Gegenstück zu Bedrohtheitsgefühlen:

*"Ob ich glaube, daß zu viele Flüchtlinge da sind?*
*Mir persönlich ist das gleich, ich weiß mir zu helfen und wenn nicht anders ..., daß mich einer erschlagen kann von hinten, vor dem hab ich gar keine Angst. Prinzipiell hab' ich keine Angst vor Flüchtlingen, auch nicht vor zehn. Aber eine gewisse Schicht von Leuten, unsere ältere Leute, die haben schon alle Angst."* (A3/6)

Der Befragte bringt die Flüchtlinge direkt mit Bedrohtheitsgefühlen in Zusammenhang. Fast trotzig meint er, daß ihm die Frage, ob zuviele Flüchtlinge da seien, egal sei. Dies steht in völligem Widerspruch zu seinen bisherigen Äußerungen. Verständlich wird dieser vermeintliche Widerspruch nur als trotzige Drohgebärde: von Flüchtlingen könne ihm nur Gefahr aus dem Hinterhalt *("daß mich einer erschlagen kann von hinten")* drohen. Die Angst haben die anderen, er nicht.

Die hier geäußerte Angst hat mit realen Erfahrungen mit Fremden, mit Asylanten nichts zu tun. Sie stammt aus anderen Erfahrungen aus der Kindheit, der Jugend und aus der Jetztzeit. Eine Assoziation drängt sich hier auf: Soldaten des

Dritten Reiches waren in Kriegshandlungen verstrickt, deren menschenverachtender und verbrecherischer Charakter verdrängt wurde und teilweise noch heute verdrängt wird. Es müssen Schuldgefühle entstanden sein - etwa als versucht wurde, ganze Länder "von hinten (zu) erschlagen". Es scheint durchaus möglich, daß diese Schuldgefühle heute als Angst wiederkehren und an einem sich bietenden Objekt - in diesem Falle den Fremden - festgemacht werden.

Die Drohung von Gewaltanwendung hatte zum Zeitpunkt des Interviews Anfang 1992 fast prophetischen Charakter. Noch im selben Jahr wurden Asylanten in Deutschland tätlich angegriffen und es gab Tote.

## Zusammenfassung





In diesem Beitrag werden eine Reihe von Interviewausschnitten von Rechnitzerinnen und Rechnitzern präsentiert und interpretiert. Wir glauben, viele der zentralen Themen in der derzeitigen "Ausländerdiskussion" damit näher beleuchtet zu haben. Es ist uns aber bewußt, daß es einerseits noch eine Reihe von anderen Themen gibt, die hier nicht angeschnitten wurden, und daß es andererseits auch andere Meinungen in der Bevölkerung gibt. Wir konnten nur einen Ausschnitt zeigen - einen Ausschnitt allerdings, in dem mögliche Sprach- und Denkfiguren und dahinterliegende emotionale Beweggründe sichtbar gemacht wurden. Die Darstellung der Wirklichkeit mit den hier präsentierten sprachlichen Mitteln ist derzeit in Österreich möglich - nicht nur in Rechnitz.

Dieser Beitrag zeigt Beispiele des Umgangs mit den Fremden, wobei die Angst vor dem Fremden (Xenophobie) bei weitem überwiegt und Neugier (Exotismus) nur selten durchschimmert. Das verwundert nicht weiter, solange unzureichend und unverantwortlich informiert wird - von den Politikern, von der Presse. Eine Vielzahl von Problemen unserer Gesellschaft verdichtet sich im sogenannten "Ausländerproblem" und wird stellvertretend an den zu uns kommenden Fremden abgehandelt.

Mario Erdheim hat darauf hingewiesen, daß der konstruktive Umgang mit Fremdem für eine Gesellschaft überlebensnotwendig ist, denn: *"Xenophobie heißt nicht nur Angst vor dem Fremden, sondern auch Angst vor der Geschichte und ihren Wandlungen. (...) Von den Fremdbildern einer Gesellschaft kann man auf ihre Veränderungschancen schließen. Fremd bleibt ihr das, was sie nicht in ihre Geschichte aufnehmen kann und deshalb abspalten, schließlich auch vernichten muß."* (Erdheim 1988: 262)

Die Interpretation der Interviewausschnitte hat den latenten Sinn der Äußerungen zum Vorschein gebracht. In manchen Äußerungen kann sich jeder Mensch zumindest teilweise wiederfinden: Jeder Mensch ist nur teilinformiert, leidet also an Informationsmangel. Jeder Mensch kennt momentane Regungen der Bedrohung, der Überforderung, der Angst, des Ärgers - aber auch der Neugier und Faszination. Mit diesen Regungen besser umgehen zu lernen und sie zur gewaltfreien Auseinandersetzung mit den Fremden zu nutzen, scheint wichtiger denn je. Dabei werden wir uns wohl mehr als bisher mit eigener und fremder Geschichte und Biographie, mit eigenen und fremden Emotionen und mit eigener und fremder Kultur und Gesellschaft zu beschäftigen haben.





* Für wertvolle Hinweise danke ich: Ilse Geson, Dietmar Larcher und Klaus Ottomeyer.

LITERATUR UND QUELLEN

Erdheim, Mario: Zur Ethnopsychonanalyse von Exotismus und Xenophobie, in: Die Psychoanalyse und das Unbewußte in der Kultur, Frankfurt/Main 1988, S 258-265

Erdheim, Mario: Aufbruch in die Fremde. Der Antagonismus von Kultur und Familie und seine Bedeutung für die Friedensfähigkeit der Individuen, in: Friedensanalysen 24: Die vergessene Dimension internationaler Konflikte: Subjektivität. Redaktion Reiner Steinweg und Christian Wellmann, Frankfurt/Main 1990, S 93-11

Geertz, Clifford: Dichte Beschreibung. Beiträge zum Verstehen kultureller Systeme, Frankfurt/Main 1987

Ottomeyer, Klaus: Modernisierung und Fremdenhaß, in: Prinzip Neugier - Einführung in eine andere Sozialpsychologie, Heidelberg 1992

# HISTORISCH GEWACHSENE VIELFALT ALS HERAUSFORDERUNG UND CHANCE FÜR DIE GEGENWART

Teil III

CHANCEN

Christiane Gruber/Christine Teuschler

# DAS PROJEKT "VIELFÄLTIGES RECHNITZ" "HINSCHAUEN STATT WEGSCHAUEN"

## Projektidee

Im Herbst 1991 wurde das vom Bundesministerium für Unterricht und Kunst im Rahmen der Aktion "Voneinander lernen - miteinander leben. Multikulturelles Zusammenleben" geförderte Projekt "Vielfältiges Rechnitz" von den Burgenländischen Volkshochschulen gestartet.

Die südburgenländische Gemeinde Rechnitz wurde deshalb ausgewählt, weil in diesem geschichtlich interessanten, aber auch geschichtlich belasteten Ort schon seit längerer Zeit eine Gruppe von Asylwerbern einquartiert ist.

Rechnitz ist ein Ort, in dem schon immer viele Kulturen und Traditionen zusammengetroffen sind. Damals wie heute hat dieses Zusammentreffen von verschiedenen Konfessionen, Traditionen und Volksgruppen zu einer Bereicherung des Zusammenlebens, natürlich aber auch zu Konflikten geführt. Der vielschichtige Bogen der Geschichte von Rechnitz spannt sich über seine österreichisch-ungarischen Wurzeln, die Schutzherrschaft über Roma und Juden unter den Batthyánys, eine ehemals blühende jüdische Gemeinde, Toleranz gegenüber Angehörigen evangelischen Glaubens, bis hin zur Vertreibung seiner jüdischen Einwohner und der Ermordung von ungarisch-jüdischen Zwangsarbeitern in der nationalsozialistischen Diktatur.

Die Aufarbeitung der Vergangenheit, vor allem der schmerzvollen Zeit des Nationalsozialismus, wird bis heute sehr oft vernachlässigt. Besonders die Vertreibung und Ermordung von Juden und "Zigeunern" (Roma) ist bis heute eine heikle Angelegenheit geblieben. Damals wurden viele Menschen aus Furcht vor Verfolgung zur Flucht gezwungen.

Auch heute sind weltweit wieder Menschen auf der

Flucht, die Gründe sind vielfältig: Krieg, Hunger, Not und Verfolgung.

Einer der Zufluchtsorte für diese Menschen ist Rechnitz. Menschen, deren Sprache, Kultur und Religion eine andere ist, finden hier eine erste Aufnahme.

Die allgemeine Diskussion über Flüchtlingsbewegungen, die Problematik der Definition des "Flüchtlings", die Fragen nach der ökonomischen, wohn- und arbeitsmarktpolitischen, sozialen, der "seelischen" Aufnahmekapazität, waren für uns eine Heraus-forderung, der Stimmung in der Bevölkerung an einem konkreten Beispiel nachzugehen.

Bereits vor dem eigentlichen Projektbeginn wurden deshalb Daten und Informationen zum Projektort, zur Bevölkerungsstruktur und der strukturellen Zusammensetzung der Flüchtlinge/Asylwerber bzw. der aus anderen Gründen hier lebenden Ausländern gesammelt.

Flüchtlinge werden in Rechnitz bereits seit 1982 kontinuierlich von örtlichen Beherbergungsbetriebe aufgenommen.

Die Erfassung aktueller Daten über die Flüchtlingsanzahl während des Projektverlaufes wurde allerdings durch die ständige Fluktuation der in Bundesbetreuung stehenden Asylwerber, vor allem aber durch die Veränderung der Anzahl von Kriegs-flüchtlingen aus dem ehemaligen Jugoslawien, erschwert.

Neben diesen ortsspezifischen Daten schien uns auch die Kontaktaufnahme zu diversen, im Flüchtlingsbereich arbeitenden Initiativen, Institutionen und Behörden bzw. die Suche nach neuen Ansprechpartnern wichtig.





## Projektziele

Ziele dieses Projektes waren es, das Kennenlernen zwischen Ortsbevölkerung und Flüchtlingen zu fördern und unterschiedliches Denken und Verhalten verständlicher zu machen, die Betroffenheit beider Seiten, ihre Ängste, Probleme und Hoffnungen aufzuzeigen und ernstzunehmen, realisierbare Visionen für die zukünftige Gestaltung des Zusammenlebens in einem Klima der Toleranz und der gegenseitigen Verständigung zu entwickeln.

Ziel war es, aufzuzeigen, daß es möglich ist, im Bereich der Flüchtlingsfrage etwas zu tun.

Vielleicht könnte das, was in Rechnitz versucht wurde, aber auch eine Anregung für andere Gemeinden sein, die sich aktiv der neuen Herausforderung und der Auseinandersetzung mit anderen Kulturen stellen wollen.

## Projektstart

Bei einem ersten Seminar wurden gemeinsam mit den Projektmitarbeiterinnen und Projektmitarbeitern Ziele und Intentionen des Projekts besprochen und die Aufteilung in drei parallel arbeitende Gruppen vorgenommen ("Geschichtsebene" mit Recherchearbeiten, "Interviewebene" mit Gesprächen, "Sprachebene" mit Deutsch-Kursen).

### "SPRACHEBENE"

Da gerade die (gemeinsame) Sprache eine der wesentlichsten Kommunikationsformen und eine der ersten Voraussetzungen für soziale und berufliche Integration ist, wurde im Oktober 1991 mit dem ersten Teilbereich des Projekts begonnen: Deutschkurse für die Asylwerber und Flüchtlinge in Rechnitz. Die Kurse wurden das ganze Jahr über angeboten und auch gut angenommen.

> *"Und weil sie die Sprache nicht verstehen, die bemühen sich zwar das Deutsche zu lernen, aber es ist schon schwer. Und weil man sich nicht verständigen kann, dann ist es schon irgendwie komisch, wenn da ein Mensch ist, mit dem man nicht reden kann." (Angestellte, Rechnitz)*



### "INTERVIEWEBENE"

Für die Interviews mit Rechnitzern und hier lebenden Flüchtlingen und Asylwerbern wurde nach einer Einführung in die Interviewtechnik von der Interviewgruppe ein Interviewleitfaden erarbeitet.

Bei den als Tiefeninterviews angelegten Gesprächen sollte es nicht um die Erfassung von allgemeinen Daten gehen, sondern vielmehr darum, den Bewohnern dieses Ortes und auch denen, die vielleicht nur vorübergehend hier leben (wie Flüchtlinge und Asylwerber), "zuzuhören".

Insgesamt wurden 15 Interviews mit Rechnitzerinnen und Rechnitzern und Flüchtlingen aus Zaire, Bulgarien, Albanien, Rußland und Kroatien durchgeführt, die alle verschiedenen Alters- und Berufsgruppen angehörten.

Dabei ging es nicht nur speziell um die "Flüchtlingsproblematik" aus der jeweiligen Sichtweise, nicht um ein "Moralisieren" und Anbieten von Lösungen, sondern darum, ganz einfach aufzuzeigen, wie die gegenwärtige Situation empfunden wird - um ein Hinhören statt ein Weghören.

Da nur ausgesprochene, ernstgenommene und bewußtgemachte Ängste die Basis für eine konstruktive Diskussion und Ansätze für gemeinsame Lösungen bieten können, schien uns vor allem dieser Ansatzpunkt besonders wichtig.

*"Es ist die Angst da, weil es doch andere Völker sind, andere Mentalitäten, zum Teil ein anderer Glaube." (Arbeiter, Rechnitz)*

"GESCHICHTSEBENE"

Die Projektarbeit vor Ort, bei der das Hauptaugenmerk auf die Beschäftigung mit der Entwicklung und Geschichte des eigenen Dorfes gelegt wird, ist seit längerer Zeit ein Schwer-punkt der Arbeit der Burgenländischen Volkshochschulen. Abweichend von einer reinen Wissensvermittlung soll in solchen "Dorfprojekten" auf die gemeindespezifische Situation, die konkreten Probleme im Ort, eingegangen und die Verknüpfung mit geschichtlichen Entwicklungen sichtbar gemacht werden.

Ausgehend von der Bedeutung der Beschäftigung mit der "eigenen" Geschichte, erwies es sich auch für das Projekt "Vielfältiges Rechnitz" als wichtig, auf die konkreten, historischen Gegebenheiten dieses Ortes einzugehen. Auf dieser Ebene, der "Geschichtsebene", sollte vor allem das vielfältige kulturelle, ethnische und konfessionelle Element von Rechnitz in den Vordergrund gestellt werden.

Die Ergebnisse dieser Recherchen werden teilweise in dieser Publikation wiedergegeben. Sie sollen exemplarisch aufzeigen, daß "multikulturelles Zusammenleben" schon in der Vergangenheit möglich war und zu welchen Bereicherungen es führen kann.

*"Früher? Ja freilich, wir waren alle sehr gut. Da waren Ungarn, da waren Kroaten, da waren Juden, wir waren alle eins." (Pensionistin, Rechnitz)*

Während des Projektjahres kam es unter der wissenschaftlichen Begleitung von Georg Gombos kontinuierlich zu Treffen der Projektgruppe, bei denen Zwischenergebnisse und weitere Vorgangsweisen besprochen wurden und die Teilnehmerinnen und Teilnehmer ihre Arbeit reflektierten.

## Projektveranstaltungen

Im Mai 1992 wurde ein erstes Ergebnis der Interview- und Geschichtsgruppe in Rechnitz präsentiert. Unter dem Motto "hinschauen statt wegschauen" waren die Rechnitzerinnen und Rechnitzer und die Flüchtlinge zu einer "Szenischen Lesung" und einer Ausstellung, in der exemplarisch die (multikulturelle) Geschichte des Ortes aufgezeigt werden sollte, in die Aula der Hauptschule eingeladen.

Die Ausstellung mit der "Szenischen Lesung", bei der Auszüge aus den Interviews mit Rechnitzern und Asylwerbern/Flüchtlingen rezitiert wurden, wurde von etwa 100 Interessierten besucht und löste unter vielen Betroffenheit aus.

Die zweite Veranstaltung im Rahmen des Projektes "Vielfältiges Rechnitz" wurde im Juni 1992 abgehalten. Diesmal sollte durch das gegenseitige Vorstellen verschiedener kultureller und musikalischer Traditionen, künstlerischer Exponate, kulinarischer Spezialitäten sowie durch das gemeinsame Feiern, Rechnitzern und Asylwerbern/Flüchtlingen die Möglichkeit der Begegnung geboten werden. Dieses "Fest der Vielfalt" wurde in das Schulfest der Volksschule Rechnitz eingebunden.

Damit sollte gleichzeitig die Partnerschaft zwischen der Institution Schule, den Lehrern, den Schülern, den Eltern und der Bevölkerung vertieft und die Lebendigkeit und Offenheit von "Schule", die auch das gesellschaftspolitische Umfeld miteinbezieht, dokumentiert werden.

Die Palette der Darbietungen dieses Festes reichte von Tänzen, Liedern und Sketches und dem Gemeinschaftslied: "Lieder, die wie Brücken sind ..." der Schulkinder, bis hin zu den iranischen Liedern einer Asylwerberin, dem gemischten Chor von Rechnitz und einem freien Musizieren (Volksmusik aus verschiedenen Ländern: Türkei, Albanien, Nigeria, Mali, Guinea, Österreich, ehemaliges Jugoslawien). Für diese musikalische Improvisation konnte eine Gruppe von Asylwerbern aus Lafnitz (Burgenland) gewonnen werden. Die Gruppe von Sängern und Musikern hatte sich innerhalb des BMUK-Projektes "Offene Konflikte" zusammengefunden und gemeinsam das hier erstmals aufgeführte Programm erarbeitet, das bei den etwa 300 Festbesuchern besonders großen Beifall fand.

Eine Ausstellung künstlerischer Exponate (Bilder) wurde von in Rechnitz lebenden Künstlern, darunter zwei iranische und ein albanischer Asylwerber, präsentiert. Das Buffet wurde durch selbstgemachte iranische, bulgarische und slowenische Spezialitäten bereichert.

*Die Moderatoren der "Szenischen Lesung" am 28. Mai 1992 in Rechnitz*

Chancen

# EIN FEST

# DER VIELFALT

Ein erstes erfreuliches Echo auf die Projektarbeit in Rechnitz war die Einladung zu einem Workshop während der "Internationalen Sommerakademie" 1992 ("Europa - Gehirn oder Krankheit der Weltgesellschaft?") des Friedensinstitutes in Stadtschlaining. Unter dem Titel "... und da sind sie auf einmal dagewesen. Zur Analyse der Kommunikationsstrukturen zwischen Asylanten und Bürgern" wurden in einem dreitätigen Arbeitskreis die in Rechnitz durchgeführten Interviews analysiert und interpretiert.

## Projektperspektiven

Mit der Präsentation der Ergebnisse der "Geschichts- und Interviewebene", dem "Fest der Vielfalt" und der vorliegenden Publikation findet das Projekt "Vielfältiges Rechnitz" nach einem Jahr seinen offiziellen Abschluß.

Das bedeutet allerdings nicht, daß damit auch diesbezügliche Aktivitäten in Rechnitz ihren Abschluß finden werden:

Während des Projektjahres in Rechnitz setzte auch die Flüchtlings- und Gedenkinitiative RE.F.U.G.I.U.S ihre Aktivitäten fort. Neben Konzerten mit jüdischer Volks- und Sakralmusik (P. Gulda, V. Hagen, E. Kovacic, I. Haussmann, P. Hughes und M. Müller), mit klassischer Musik mit Solobläsern der Wiener Philharmoniker und Paul Gulda, einem Konzert "Entartete Musik? - Entartete Politik!" mit dem Klangforum Wien und der Cappella con Durezza (Werke von Komponisten, die während der Nazizeit verfolgten wurden), fand im Juli 1992 als besonderer Höhepunkt ein Konzert mit Gidon Kremer und seinen Freunden vom Kammermusikfest Lockenhaus statt. Gidon Kremer trat damit erstmals im Burgenland außerhalb von Lockenhaus auf.

Ein besonderer Höhepunkt in der Veranstaltungsreihe von RE.F.U.G.I.U.S war auch die Teilnahme an der Gedenksteinenthüllung für die jüdischen Opfer des Kreuzstadlmassakers 1945 und die Rechnitzer Widerstandskämpfer zu Allerheiligen 1991 in Rechnitz.

Im Anschluß an diese Enthüllung wurde als festlicher Kontrapunkt zur Gedenkfeier ein burgenländisches "Musikfest der Volksgruppen" gefeiert, an dem die Tamburizza- und Folkloregruppe Güttenbach/Pinkovac (als Vertreter der kroatischen Volksgruppe), die Gruppe "gojim" als Interpreten jiddischer Lieder (stellvertretend für die hier einst lebenden jüdischen Rechnitzer), der Volkstanzkreis und die Trachtenmusikkapelle Rechnitz (als Gastgeber und Vertreter der Deutschsprachigen im Burgenland), die Tanz- und Gesangsgruppe "Jagallo Rath" (als Vertreter der burgenländischen Roma) und das Tanzensemble "Ungaresca" aus Szombathely (als Vertreter des Nachbarlandes und der ungarischen Volksgruppe) teilnahmen.

Angeregt durch RE.F.U.G.I.U.S initiierten der burgenländische Bildhauer Karl Prantl und Marietta Torberg, die Witwe Friedrich Torbergs, eine Aktion, die es sich zur Aufgabe gemacht hat, die Ruine des "Kreuzstadls" zu kaufen und vor weiterem Verfall zu bewahren. Das Areal soll, durch eine Skulptur des israelischen Bildhauers Kosso Eloul bereichert, dem Bundesverband der Israelitischen Kultusgemeinden in Österreich übergeben und als stilles Mahnmal erhalten werden.

Erfreulicherweise bildete sich während des Projektzeitraumes auch eine Gruppe von Rechnitzern, die nun im Bereich der Dorferneuerung arbeitet. In Zusammenarbeit mit den Burgenländischen Volkshochschulen soll hier die Intention ähnlicher Projekte weiterverfolgt werden, die sich mit dem "Dorf als Ganzes" mit seiner historischen, ökologischen, ökonomischen, baulichen und sozio-kulturellen Situation beschäftigen.

*Gidon Kremer und Freunde bei einer RE.F.U.G.I.U.S-Veranstaltung in Rechnitz.*

*Gedenkstein für die jüdischen Opfer des Kreuzstdlmassakers 1945 und die Rechnitzer Widerstandskämpfer.*

# MUSIKFEST DER VOLKSGRUPPEN

Trachtenmusikkappelle Rechnitz (Bild oben).
Tamburizza- und Folkloregruppe Güttenbach/Pinkovac (Bild unten).

*Tanzensemble "Ungaresca" (Bild oben).*
*Gruppe "gojim", Interpreten jiddischer Lieder (Bild unten).*

*Roma - Tanz- und Gesangsgruppe "Jagallo-Rath" (Bild oben).*
*Volkstanzkreis Rechnitz (Bild unten).*

# "HINSCHAUEN STATT WEGSCHAUEN"

## Ausblick

Mit dieser Publikation haben wir versucht, anhand eines konkreten Beispiels die Probleme, aber auch die Möglichkeiten in dem gerade jetzt sehr sensiblen Bereich des Umgangs mit Flüchtlingen und Asylwerbern, dem "Fremdem" überhaupt, aufzuzeigen.

Die Aktualität und zunehmende Brisanz dieses Themas zeigt sich schon in der Tatsache der Verschärfung der darüber geführten Diskussionen innerhalb des Projektzeitraumes. So nimmt durch die Ausweitung und Eskalation des Krieges im ehemaligen Jugoslawien die Zahl der Kriegsflüchtlinge, die nach Österreich kommen, ständig zu. Übergriffe und Anschläge auf Asylantenheime in Deutschland, das "passive" Zuschauen von nicht unmittelbar Beteiligten an diesen inhumanen Aktionen und die Schändung von jüdischen Gedenkstätten auch in Österreich, zeigen, wie sehr sich die allgemeine Lage innerhalb eines Jahres verändert hat.

Angesichts der vielfältigen, weltweiten Probleme reagieren paradoxerweise auch die Menschen in Mitteleuropa, in Österreich, mit "Flucht" und Ausflüchten:

Bisher gesellschaftspolitisch Engagierte suchen in der Esoterik oder im Rückzug auf die eigene Person/Familie/"Interessensgruppe" Zuflucht, um ihre persönlichen Ängste und Existenzfragen zu lösen. Andere, Menschen mit Sozialisationsdefiziten, Jugendliche, die noch in der Sozialisationsphase stehen und sich besonders stark von Existenz- und Zukunftsängsten bedroht fühlen, Menschen, die sich bereits eine scheinbar abgesicherte Existenzgrundlage aufgebaut haben oder aufbauen wollen und diese als gefährdet empfinden, und ältere Menschen, bei denen noch das Trauma der (Nach-)Kriegszeit nachwirkt, finden Rückhalt in Gruppen und politischen Interessensverbänden, die hierarchisch gegliedert und autoritär bestimmt sind und scheinbar einfache und kurzfristig einsichtige Entscheidungen und Lösungen anbieten.

Gerade angesichts dieser Fülle von Problemen vollzieht sich somit zunehmend ein Rückzug auf die eigene Person, eine Reduktion auf individuelle Lösungen, oder "einfache" Lösungen, die nur mehr in einer einzigen Gruppe gesucht und durchzusetzen versucht werden, eine Abkehr vom spannungsbeladenen, schwierigen Diskurs verschiedener Gruppen und Meinungen.

Dabei entsteht sehr leicht eine sich aufschaukelnde Wechselwirkung von Agieren und Reagieren, vom "Abschieben" der Entscheidungen auf andere, von gegenseitigen Rechtfertigungen. Medien und Politiker berufen sich auf die "Stimme des Volkes", die "Stimme des Volkes" auf Medien und Politiker.

Ohne die Komplexität verschiedener Probleme (Angst um den Arbeitsplatz, Altersvorsorge, zunehmende Isolation, ...) zu berücksichtigen und auszusprechen, versucht man diese beispielsweise durch restriktive Maßnahmen gegenüber Ausländern und Flüchtlingen zu kompensieren.

Vor allem mit unseren Interviews haben wir versucht, diesem Phänomen der "Ausflüchte" und "Ausreden" nachzugehen, und es ernst zu nehmen. Wir haben versucht, die Menschen über ihre Sorgen reden, ausreden zu lassen. Neben (individuellen) Daseinsängsten ist es vor allem das "Fremde", das Unbekannte, das die Menschen verunsichert und zu generalisierenden Verurteilungen führen läßt.

Allein mit der Wiedergabe unserer Interviews können wir für diese Ängste noch keine ausreichenden Erklärungen und Lösungen anbieten. Es war uns zuerst einmal wichtig, a u c h bei den Rechnitzern und ihren Problemen zuzuhören und hinzuschauen, statt wegzuhören und wegzuschauen.

Die Erfahrungen aus diesem ´Fragen´ und ´Zuhören´ waren vielfach für beide Seiten schmerzhaft. Denn, wie jede Auseinandersetzung, bedingt auch die Frage nach (eigenen) Verhaltensmustern den schwierigen Prozeß des "Zulassenkönnens" einer anderen Meinung und des gegenseitigen Lernens.

Weil wir glauben, daß - um Fremde, Flüchtlinge, Asylwerber, Ausländer besser zu vestehen - es wichtig ist, sie nach ihren Gründen für ihr Weggehen, das Verlassen ihrer Heimat zu fragen, weil wir glauben, daß es wichtig ist, ihre für uns fremde Kultur, Tradition und Religion aus "ihrer" historischen Entwicklung heraus kennen- und verstehen zu lernen, glauben wir auch, daß es wichtig ist, die eigene, unsere Geschichte besser kennenzulernen und zu verstehen.

Neben den Gesprächen mit Asylwerbern und Flüchtlingen in Rechnitz und mit Rechnitzerinnen und Rechnitzern selbst nahm deshalb die Beschäftigung mit der Geschichte des Ortes einen wichtigen Platz innerhalb unseres Projektes ein. Wie bei den Interviews können wir auch hier keine fertigen Rezepte anbieten. Wir wollten damit aber die Intention des ´sich gegenseitig Kennenlernens´ um den Aspekt des Kennenlernens auch der verschiedenen historisch gewachsenen "Kulturen" erweitern. Dabei zeigte sich gerade bei der Beschäftigung mit der Rechnitzer Geschichte, wie bereichernd der Einfluß anderer Kulturen, Sprachen und Traditionen für die Entwicklung eines Ortes sein kann. Gleichzeitig zeigte sich aber auch deutlich, wie wichtig es ist, eine solche Entwicklung überhaupt "zuzulassen", "Fürsprecher" für eine derartige Entfaltung zu haben. Die Schutzherren der Juden und Roma in Rechnitz waren die Batthyánys, Vertreter der damaligen Gesellschaftsordnung. Heute leben wir in einer Demokratie. Was einst die Aufgabe der "Schutzherren" war, ist heute die Aufgabe unserer gesamten Gesellschaft.

Mit dieser Publikation versuchen wir, einen Bereich herauszuheben, mit dem wir heute alle konfrontiert sind. Dabei ist es nicht unsere Absicht, eine umfassende Analyse der Flüchtlingsbewegung und "Flüchtlingsproblematik" vorzulegen. Unser Ziel ist es vor allem, an einem konkreten Beispiel, die Betroffenen - sowohl die Ortsbevölkerung als auch die Asylwerber und Flüchtlinge - zu Wort kommen zu lassen und ihre Aussagen, ihre Gefühle, Ängste und Sorgen in den Konnex der "Lebensgeschichte" beider Seiten einzubinden.

Ließen wir bei unseren Interviews nähere Bezeichnungen (wie z.B. Rechnitzer Pensionistin, Rechnitzer Student, Flüchtling aus Albanien, Flüchtling aus Bulgarien) weg, so zeigte sich wahrscheinlich viel offenkundiger als wir es sonst wahrnehmen würden, wie austauschbar diese Sorgen und Hoffnungen auf beiden Seiten sind, wenn sie auch von einem jeweils anderen persönlichen Hintergund gesehen werden: So wünscht sich der albanische Flüchtling, der aufgrund jahrelang erlebter Restriktionen und Unterdrückung nach Österreich gekommen ist, wie sein Rechnitzer Nachbar auch, ein friedliches Zusammenleben mit seiner Familie, Arbeit und Sicherheit.

Ließen wir bei unserer Beschäftigung mit der Rechnitzer Geschichte nähere Bezeichnungen (wie Namen, Jahreszahlen) weg, so zeigte sich vielleicht deutlicher als sonst, daß hier (im Burgenland/Rechnitz) bereits seit Jahrhunderten Menschen leben, die auch einmal "zugezogen" sind, und daß andererseits auch von hier Menschen weggehen mußten - aus wirtschaftlichen (Amerikawanderung) und aus lebensbedrohenden (Verfolgung in der NS-Zeit) Gründen, Menschen, die - wenn sie das "Glück" hatten - Aufnahme in einem anderen Land fanden.

Allein die Tatsache, diese Zusammenhänge zu erkennen, wird die Problematik um das Phänomen "Flucht" nicht lösen können. Wir glauben aber, daß es ein wesentlicher Bestandteil in der Diskussion um unsere Zukunft sein muß, diese Zusammenhänge wahrzunehmen und Entscheidungen zu treffen, die tatsächlich die gegenseitigen Abhängigkeiten in wirtschaftlicher, ökologischer, sozialer und vor allem humaner Hinsicht berücksichtigen.

Wenn wir heute ein Resümee ziehen, so müssen wir eingestehen, daß sich nach diesem einen Jahr an der Situation in Rechnitz augenscheinlich nichts verändert hat. Wir glauben aber, daß unser Ziel, die Stimmung eines Ortes einzufangen und einfach nur einmal "darüber" zu reden, erreicht worden ist, und daß unsere Aktivitäten vielleicht Anlaß geben, "darüber" nachzudenken.

Vielleicht könnte unser Ansatz für den einen oder anderen, vielleicht auch für eine andere Gemeinde, eine Anregung sein, diese Möglichkeit der Auseinandersetzung aufzugreifen.

Nur ausgesprochene, ernstgenommene und bewußtgemachte Ängste können die Basis für eine konstruktive Diskussion und Ansätze für gemeinsame Lösungen bieten.

"hinschauen statt wegschauen",
"hinhören statt weghören".

Wir haben ein wenig hingeschaut und ein wenig zugehört.
Wir werden noch weiterreden müssen ...

# STATISTIKTEIL

## ALLGEMEINE DATEN ZUR GEMEINDE RECHNITZ

GEMEINDEFLÄCHE:

| | | |
|---|---|---|
| Gesamtfläche | ..................... | 4.377 ha |
| Ortsgebiet | ..................... | 180 ha |
| Weinbaufläche | ..................... | 95 ha |
| Wald | ..................... | 1.693 ha |
| Felder und Wiesen | ..................... | 2.409 ha |

HÖHENLAGE:
348 m bis 883 m Seehöhe

GESCHICHTLICHES:
.......... 1260 Erste urkundliche Erwähnung des Ortes
.......... 1348 Rechnitz erhält das Marktrecht
.......... 1532 Türkenkämpfe in Rechnitz
.......... 1645 Schloß Batthyány (in der Ortsmitte) fertiggestellt
.......... 1888 Eröffnung der Eisenbahnlinie
.......... 1921/23 Das Burgenland kommt zu Österreich
.......... 1945 Kämpfe in Rechnitz zu Ende des Zweiten Weltkrieges

## RECHNITZ HEUTE (Stand 1992)

### Kommunale Einrichtungen

BILDUNGS- UND LEHRANSTALTEN:
Römisch-katholischer Kindergarten
Evangelischer AB Kindergarten
Volksschule
Hauptschule
Musikschule

KIRCHEN:
Römisch-katholische Pfarrgemeinde
Evangelische AB Pfarrgemeinde mit einem Evangelischen Jugendheim (55 Betten)

## ALLGEMEINE DATEN ZUR BEVÖLKERUNGSSTRUKTUR

| | Einwohner | Konfessionen | | |
|---|---|---|---|---|
| Jahr | gesamt | röm-kath. | evang. | jüdisch |
| 1676 | | | | 37 Familien |
| 1779 | | | | 498 Familien |
| 1751 | 2951 | | | |
| 1812 | 3267 | | | |
| 1824 | 3786 | | | |
| 1830 | 4037 | | | |
| 1833 | 4630 | 2022 | 1819 | 789 |
| 1841 * | 4349 | 2330 | 1103 | 916 |
| (Höchststand des jüdischen Bevölkerungsanteiles) | | | | |
| 1846 | 4660 | | | |
| (Höchststand der Gesamtbevölkerung) | | | | |
| 1857 | 4557 | 2578 | 1164 | 815 |
| 1869/70 | 3989 | | | 810 |
| 1880 | 3899 | | | 479 |
| 1896 | 4183 | 2466 | 1089 | 628 |
| 1900 | 4049 | 2694 | 1044 | 311 |
| 1910 | 4137 | 2896 | 978 | 261 |
| 1920 | 3772 | | | 187 |
| (Kriegsverluste) | | | | |
| 1924 | 3772 | 2714 | 875 | 176 |
| 1934 | 3799 | 2742 | 877 | 170 |
| 1939 | 3501 | | | |
| (Verlust der jüdischen Bevölkerung) | | | | |
| 1946 | 3209 | | | |
| (Verluste im Zweiten Weltkrieg, Auswanderungen) | | | | |
| 1951 | 3387 | 2584 | 790 | 3 |
| 1961 | 3363 (3374) | 2602 | 753 | 2 |
| 1971 | 3412 | | | |
| 1981 | 3399 | 2719 | 645 | |

** In der Literatur werden 916 jüdische Einwohner auf eine Wohnbevölkerung von insgesamt 4349 Personen bezogen. In diesem Zusammenhang wird sowohl das Jahr 1841 als auch 1842/43 genannt. (Romirer 1991: 48)*

SOZIALE EINRICHTUNGEN:
Österreichisches Rotes Kreuz
Altenwohnheim der Schwestern vom Göttlichen Erlöser
Landessonderkrankenhaus (Pflegeanstalt) am Hirschenstein

KULTURELLE EINRICHTUNGEN:
Gemeindebücherei im Gemeindeamt
Bücherei der Arbeiterkammer
Stiefelmacher/Csizmenmacher-Museum
Vinothek (kurz vor der Fertigstellung)

PARTEIEN:
SPÖ-Rechnitz
ÖVP-Rechnitz
FPÖ-Rechnitz

INFRASTRUKTUR:
Engel-Apotheke
drei praktische Ärzte
ein Zahnarzt
Ortswasserleitung/Kläranlage
Grenzübergang Rechnitz/Bozsok
vier Gasthäuser
zwei Kaffeehäuser
drei Diskotheken

BEKANNTMACHUNGUNGEN/MEDIEN:
"Unser Rechnitz - Nachrichten aus der Gemeinde"
"bei uns" (SPÖ-Ortszeitung)
"für sie da" (ÖVP-Ortszeitung)
"Der Schmetterling - freiheitlicher gemeindekurier rechnitz"
Kirchenzeitungen

## Vereine/Verbände

SENIORENVEREINE:
SPÖ-Pensionistenverband
ÖVP-Seniorenbund
Römisch-katholischer Seniorenclub
Evangelischer Seniorenkreis

MUSIK- UND KULTURVEREINE:
Evangelischer Kirchenchor
Gemischter Chor Rechnitz
Männergesangsverein Cäcilia
Römisch-katholischer Kirchenchor
Römisch-katholische Theatergruppe
Trachtenkapelle Rechnitz
Volkstanzkreis Rechnitz

SPORTVEREINE:
Altherrensportverein
ASKÖ Tennisclub
Damenturnverein
Hantelclub Rechnitz
SV Rechnitz
Zollwachsportverein

SONSTIGE VEREINE, VERBÄNDE UND INITIATIVEN:
ARBÖ-Ortsclub
Bienenzuchtverein
Dorferneuerungsgruppe Rechnitz
Freiwillige Feuerwehr
Fremdenverkehrs- und Verschönerungsverein
Naturfreunde Rechnitz
Gebrauchshundeverein
Kriegsopferverband
Österreichischer Kameradschaftsbund Rechnitz
RE.F.U.G.I.U.S (REchnitzer Flüchtlings- Und GedenkInitiative Und Stiftung)
Reitgemeinschaft Rechnitz
Rotes Kreuz
Weinbauverein Rechnitz
Werbegemeinschaft Rechnitz

## Erholungs- und Freizeitanlagen

Badesee Rechnitz
Campingplatz Rechnitz
drei Tennis-Sandplätze
Asphaltstockschießplatz

Internationales Ausbildungszentrum der Pfadfinder mit Campingplatz

## Sehenswürdigkeiten/Fremdenverkehrsattraktionen

Aussichtswarte Geschriebenstein
Badesee im Faludital
Buschenschenken
Evangelische AB Kirche (erbaut 1783)
"Galgenberg" (Naturschutzgebiet)
Jüdischer Friedhof
Mauerreste des ehemaligen Batthyány-Schlosses
Reste der römischen Wasserleitung
Römisch-katholische Pfarrkirche (erbaut 1679, Barockaltar)
Stiefelmacher/Csizmenmacher-Museum
"Weingebirge"
zahlreiche Wanderwege

## Berufsstruktur

1951:

| | |
|---|---|
| Berufstätige insgesamt (einschließlich Arbeitslose) | 1524 |
| Industrie, Gewerbe | 637 |
| Handel, Verkehr | 80 |
| Land- und Forstwirtschaft | 618 |
| Sonstige, unbekannt | 189 |

1971:

| | |
|---|---|
| Berufstätige insgesamt (einschließlich Arbeitslose) | 1218 |
| Bauwirtschaft | 371 |
| Industrie, Gewerbe | 361 |
| Handel | 85 |
| Land- und Forstwirtschaft | 139 |
| Öffentlicher Dienst | 253 |
| Sonstige, unbekannt | 9 |

## Neuere Daten zur Bevölkerungsstruktur

1981:

| | |
|---|---|
| Bevölkerung insgesamt | 3399 |
| weiblich | 1809 |
| männlich | 1590 |

| | |
|---|---|
| Staatbürgerschaft | |
| Österreich | 3373 |
| Ausland | 26 |

Seit 1982 (Polenflüchtlinge) sind in Rechnitz kontinuierlich Asylwerber einquartiert. Die Herkunftsländer der Flüchtlinge und die genauen Zahlen für diesen Zeitraum konnten nicht erfaßt werden.

Aus dem Jahr 1991 liegen zum Projektzeitraum noch keine Volkszählungsergebnisse vor. Einzig die Gesamtbevölkerungszahl von 3538 ist bekannt. Aus diesem Grund muß im folgenden auf inoffizielle und nur ungefähre Angaben zurückgegriffen werden.

Mit Stand vom 8. Oktober 1991 leben in Rechnitz 187 Ausländer.

Von diesen besitzen ca. 27 die deutsche, schweizerische, amerikanische, kanadische ... Staatsbürgerschaft, die übrigen sind Flüchtlinge bzw. Asylwerber.

Insgesamt leben in Rechnitz Menschen aus 22 verschiedenen Ländern.

NATIONALITÄTEN:

Tschechoslowakei, ehemaliges Jugoslawien, Rumänien, Iran, Amerika, Republik Mali, Libyen, Polen, Großbritannien, Indien, Schweiz, Ungarn, Deutschland, Kanada, Zaire, Uruguay, Irland, Türkei, Albanien, Nigeria, Bulgarien, Angola.

Aufgrund der starken Fluktuation der Flüchtlinge/Asylwerber änderte sich die Nationalitäten-Zusammensetzung während des Projektzeitraumes ständig. Vor allem im Zuge der aktuellen politischen Situation kamen in letzter Zeit verstärkt Kriegsflüchtlinge aus dem ehemaligen Jugoslawien (Kroatien, Bosnien) nach Rechnitz.

Von den 187 zu Projektbeginn in Rechnitz lebenden Ausländern (davon 106 Männer und 81 Frauen) haben 92 eine Arbeitsgenehmigung. 95 sind ohne Arbeit und in fünf Gasthäusern des Ortes als Asylwerber einquartiert (68 Männer, 27 Frauen). Bei ihnen laufen die Verfahren hinsichtlich der Anerkennung als politische Flüchtlinge.

LITERATUR UND QUELLEN

Gemeindeamt Rechnitz

Rechnitz in alten Ansichten: Gemeindeamt Rechnitz (Hg.), Rechnitz 1991

Romirer, Maria: Jüdische Kultur im Burgenland. Rechnitz. Seminararbeit, Institut für Volkskunde, Wien 1991

Volkszählungsergebnisse der Jahre 1951, 1971 und 1981, Österreichisches Statistisches Zentralamt

# MITARBEITERINNEN UND MITARBEITER

HEIKE BUND, geb. 1962 in der BRD, lebt in Rotenturm (Bgld.). Studium der Geschichte und Politikwissenschaft. Forschungsschwerpunkte: Ausländer- und Frauenpolitik. Freiberufliche Mitarbeiterin in der Erwachsenenbildung.

ANTON FENNES, Dr.phil., geb. 1952, lebt in Deutschkreutz (Bgld.). Studium der Geschichte und Politikwissenschaft an der Universität Wien. Forschungsschwerpunkte: Arbeiterbewegung (Diss.). Mitarbeiter beim ORF/Landesstudio Burgenland.

GEORG GOMBOS, Mag. et Dr.phil., geboren 1957 in Wien, Sohn ungarischer Flüchtlinge. Studium der Anglistik, Romanistik und Pädagogik, als Lehrer und in der Erwachsenenbildung tätig. Seit 1985 Universitätsassistent am Institut für Weiterbildung der Universität Klagenfurt. Arbeitsschwerpunkte: Interkulturelles Lernen (sozialpsychologische Aspekte im Umgang mit autochthonen und allochthonen Minderheiten bzw. Fremden), Didaktik des Zweitsprachunterrichts, LehrerInnenweiterbildung.

CHRISTIANE GRUBER, geb. 1956, lebt in Buchschachen (Bgld.). Studium der Geschichte und Germanistik an der Universität Wien. Forschungsschwerpunkte: Zeitgeschichte und Minderheitenfragen. Leiterin der Regionalstelle Süd der Burgenländischen Volkshochschulen.

WERNER HERICS, Mag.phil., geb. 1965, aufgewachsen in Schandorf/Cemba (Bgld.). Studium der Geschichte und Geographie an der Universität Wien. Forschungsschwerpunkte: Sozialpolitik und regionale politische Geschichte. Mitarbeiter beim ORF/Landesstudio Burgenland.

GERTRUDE MILOSITS, geb. 1964, lebt in Weiden/Bandol bei Rechnitz (Bgld.). Angestellte.

ALEXANDRA MURG, geb. 1968, lebt in Pinkafeld (Bgld.) und Wien. Studium der Rechtswissenschaften.

FRIEDRICH SCHODITSCH, geb. 1949, lebt in Welgersdorf (Bgld.). Volksschuldirektor in Rechnitz.

ROTRAUD SCHUBERT, geb. 1952, lebt in Wien. Studium der Soziologie. Forschungsschwerpunkte: Frauenarbeit.

DENISE STEIGER, Mag.phil., geb. 1960, lebt in Lockenhaus (Bgld.). Studium der Geschichte und Politikwissenschaft an der Universität Wien. Verfasserin der Festschrift anläßlich der 500-Jahr-Markterhebungsfeier Lockenhaus.

JOHANN TEMMEL, geb. 1966, lebt in Oberbildein (Bgld.). Studium der Geschichte und Politikwissenschaft an der Universität Wien. Arbeitet an seiner Diplomarbeit, die sich mit der Grenzziehung 1921 in der Region des unteren Pinkatales beschäftigt. Freier Mitarbeiter der Burgenländischen Volkshochschulen.

CHRISTINE TEUSCHLER, Dr.phil., geb. 1961, lebt in Rechnitz (Bgld.). Studium der Politikwissenschaft und Völkerkunde an der Universität Wien. Forschungsschwerpunkte: Österreichischer Parlamentarismus und österreichische Parteien, Minderheitenfragen. Geschäftsführerin der Burgenländischen Volkshochschulen.

## BILDNACHWEIS

Gemeindeamt Rechnitz
Landesverband Burgenländischer Volkshochschulen
RE.F.U.G.I.U.S
Offenes Haus Oberwart

## FOTOS

Kassanits, Fritz/BF
Lichtenberger, Karl
Stampf, Oskar

# GRENZFALL

Burgenland 1921 - 1991

DEINHOFER E./HORVATH T. (Hg.)
Eisenstadt 1991
Verlag Kanica

Preis: S 198,--

Burgenland - ein Land mit einer bewegten Geschichte, ein Land mit vielfältigen Problemen heute.

Junge Burgenländer/innen beschäftigen sich in diesem Buch mit sozialen, politischen und wirtschaftlichen Entwicklungen der vergangenen Jahrzehnte.

Ein Buch der Burgenländischen Volkshochschulen und der Burgenländischen Forschungsgesellschaft in Zusammenarbeit mit den Medienverbundprogrammen des BMfUK.

# PUBLIKATIONEN

der Burgenländischen Forschungsgesellschaft

T. Horvath, R. Münz (Hg.):
**Migration und Arbeitsmarkt**
Eisenstadt 1988, öS 100.-

G. Baumgartner, E. Müllner, R. Münz (Hg.):
**Identität und Lebenswelt**
**Ethnische, religiöse und kulturelle Vielfalt im Burgenland**
Eisenstadt 1989, öS 150.-

H. Faßmann, U. Pröll (Hg.):
**Standort Burgenland**
**Probleme und Entwicklungschancen der Peripherie**
Eisenstadt 1990, öS 150.-

E. Deinhofer, T. Horvath (Hg.):
**Grenzfall**
**Burgenland 1921-1991**
Großwarasdorf/Veliki Borištof 1991, öS 198.-

C. Krajasits, A. Lang (Hg.):
**EXPO'95 - abgesagt!**
**Ein dokumentarischer Rückblick**
Eisenstadt 1991, öS 120.-

T. Horvath, E. Müllner (Hg.):
**Hart an der Grenze**
**Burgenland-Westungarn**
Wien 1992, öS 198.-